“十三五”国家重点出版物出版规划项目
《一带一路沿线国家法律风险防范指引》系列丛书

一带一路沿线国家法律风险防范指引

Legal Risk Prevention Guidelines of One Belt One Road Countries

（伊　朗）

Islamic Republic of Iran

《一带一路沿线国家法律风险防范指引》系列丛书编委会　编

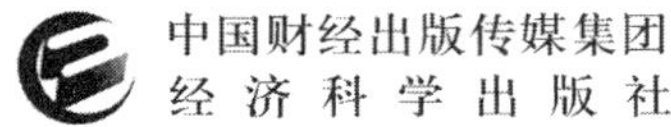

中国财经出版传媒集团
经济科学出版社

图书在版编目（CIP）数据

一带一路沿线国家法律风险防范指引．伊朗/《一带一路沿线国家法律风险防范指引》系列丛书编委会编．—北京：经济科学出版社，2017.11

（《一带一路沿线国家法律风险防范指引》系列丛书）

ISBN 978－7－5141－8695－6

Ⅰ.①一… Ⅱ.①一… Ⅲ.①法律－汇编－世界②法律－汇编－伊朗 Ⅳ.①D911.09②D937.3

中国版本图书馆CIP数据核字（2017）第284254号

责任编辑：吕 萍 于海汛
责任校对：刘 昕
版式设计：齐 杰
责任印制：潘泽新

一带一路沿线国家法律风险防范指引（伊朗）
《一带一路沿线国家法律风险防范指引》系列丛书编委会 编
经济科学出版社出版、发行 新华书店经销
社址：北京市海淀区阜成路甲28号 邮编：100142
总编部电话：010－88191217 发行部电话：010－88191522
网址：www.esp.com.cn
电子邮件：esp@esp.com.cn
天猫网店：经济科学出版社旗舰店
网址：http://jjkxcbs.tmall.com
固安华明印业有限公司印装
710×1000 16开 16印张 210000字
2017年12月第1版 2017年12月第1次印刷
ISBN 978－7－5141－8695－6 定价：42.00元
（图书出现印装问题，本社负责调换。电话：010－88191510）

《一带一路沿线国家法律风险防范指引》系列丛书

编委会名单

（伊朗）

本书编写人员：（按姓氏笔画为序）

白雪涛　龙　哲　李程远　杨　洋
林　敏　贲晓枫　赵明武　曾　涛

编 者 按

习近平总书记统筹国内国际两个大局、顺应地区和全球合作潮流，提出了“一带一路”重大倡议。这一重大倡议引起世界各国特别是沿线国家的广泛共鸣，60多个国家响应参与，“一带一路”建设取得了丰硕成果，为促进全球经济复苏和可持续健康发展注入了新的活力和动力。中国企业积极投身“一带一路”沿线国家基础设施建设、能源资源合作、产业投资和园区建设等，取得积极进展。中央企业充分发挥技术、资金、人才等方面的优势，先后参与合作项目近2 000个，在创造商业价值的同时为当地经济社会发展作出了重要贡献。

党的十九大指出，要以“一带一路”建设为重点，坚持“引进来”和“走出去”并重，遵循共商共建共享原则，加强创新能力开放合作，形成陆海内外联动、东西双向互济的开放格局。习近平总书记在“一带一路”国际合作高峰论坛上提出，要推进“一带一路”建设行稳致远，迈向更加美好的未来。《“一带一路”国际合作高峰论坛圆桌峰会联合公报》明确了法治在“一带一路”建设中的重要地位和作用，强调本着法治、机会均等原则加强合作。中国企业参与“一带一路”建设的实践充分证明，企业“走出去”，法律保障要跟着“走出去”，必须运用法治思维和法治方式开展国际化经营，进一步熟悉了解沿线国家的政策法律环境，妥善解决各类法律问题，有效避免法律风险。

为此，我们组织编写了《一带一路沿线国家法律风险防范指引》系列丛书，系统介绍了“一带一路”沿线国家投资、贸易、工程承包、劳务合作、财税金融、知识产权、争议解决等有关领域法律制度，提示了法律风险和列举了典型案例，供企业参考借鉴。

在丛书付印之际，谨向给予丛书编写工作支持和帮助的有关中央企业领导、专家及各界朋友表示衷心的感谢。

《一带一路沿线国家法律风险防范指引》
系列丛书编委会
2017 年 12 月 20 日

目　　录

第一章　伊朗法律概况 …… 1
第一节　伊朗国家概况 …… 1
第二节　法律渊源和部门法体系 …… 12
第三节　伊朗主要法律制度 …… 15
第四节　国际法律制度 …… 31

第二章　伊朗投资法律制度 …… 43
第一节　伊朗投资法概述 …… 43
第二节　伊朗投资的监管与审批 …… 55
第三节　伊朗投资的法律风险与防范 …… 59

第三章　伊朗贸易法律制度 …… 71
第一节　伊朗贸易管理体制 …… 71
第二节　对外贸易法律体系及基本内容 …… 84
第三节　伊朗进口贸易的法律风险与防范 …… 91

第四章　伊朗工程承包法律制度 …… 96
第一节　在伊朗进行工程承包的方式与业务流程 …… 96
第二节　伊朗工程承包相关法律及基本内容 …… 107
第三节　伊朗工程承包的法律风险与防范 …… 117

第四节　典型案例……………………………………………… 127

第五章　伊朗劳工法律制度…………………………………… 131

第一节　伊朗《劳工法》及基本内容 ………………………… 131

第二节　伊朗劳工管理有关法律……………………………… 144

第三节　伊朗劳工管理法律风险与防范……………………… 150

第四节　典型案例……………………………………………… 153

第六章　伊朗财税金融法律制度 ……………………………… 157

第一节　伊朗财税金融体系…………………………………… 157

第二节　伊朗财税金融法律及基本内容……………………… 166

第三节　伊朗财税金融法律风险与防范……………………… 176

第四节　典型案例……………………………………………… 179

第七章　伊朗争议解决法律制度 ……………………………… 182

第一节　伊朗争议解决法律制度概述………………………… 182

第二节　诉讼制度……………………………………………… 183

第三节　仲裁制度……………………………………………… 195

第四节　政治解决……………………………………………… 203

第五节　司法救济风险与防范………………………………… 206

第八章　伊朗其他法律风险防范提示 ………………………… 208

第一节　国家安全审查………………………………………… 208

第二节　外交保护……………………………………………… 209

第三节　特许协议……………………………………………… 217

第四节　国有化问题…………………………………………… 222

第五节　特殊性问题——制裁………………………………… 228

附录一：伊朗主要法律法规…………………………………… 235
附录二：伊朗主要政府部门及相关机构……………………… 236
附录三：伊朗部分中介服务机构……………………………… 238
参考文献………………………………………………………… 241

伊朗法律概况

第一节　伊朗国家概况

一、概述

伊朗伊斯兰共和国，简称伊朗，古称波斯，中国的史书上称“安息”，是具有 5 000 多年历史的文明古国。公元前 6 世纪，古波斯帝国盛极一时。公元 7 世纪以后，阿拉伯人、突厥人、蒙古人、阿富汗人先后侵入并统治伊朗。1258 年，成吉思汗之孙旭烈兀打败阿巴斯王朝，建立以伊朗为中心的伊利汗国。18 世纪后期，伊朗东北部的恺伽部落统一伊朗，建立恺伽王朝。19 世纪以后，伊朗沦为英、俄的半殖民地。1925 年，巴列维王朝建立。1979 年 1 月，国王被迫出走。1979 年 2 月 1 日，流亡国外的宗教领袖霍梅尼回国；2 月 5 日，霍梅尼任命“自由运动”领袖迈赫迪·巴扎尔甘为临时政府总理，并于 2 月 11 日接管了政权，这一天被定为伊朗国庆日，巴列维王朝宣告灭亡。1979 年 4 月 1 日，霍梅尼宣布成立伊朗伊斯兰共和国，建立政教合一政权。2013 年 6 月 15 日，哈桑·鲁哈尼当选伊朗第十一届总统，8 月 4 日宣誓就职。

二、伊朗地理环境

（一）地理位置

伊朗位于北纬 25°～40°，东经 44°～63.5°，在亚洲的西南部，北接土库曼斯坦、阿塞拜疆和亚美尼亚，濒临里海，与俄罗斯和哈萨克斯坦隔海相望；西与土耳其和伊拉克接壤；东邻巴基斯坦和阿富汗；南隔波斯湾、阿曼湾与科威特、巴林、卡塔尔、阿拉伯联合酋长国、阿曼和沙特阿拉伯等国相望，边界线总长 8 731 公里，其中 30% 为海岸线，国土面积 165 万平方公里。

伊朗是一个高原和山地相间的国家，平均海拔在 900～1 500 米之间，最高峰达马万德海拔 5 671 米，境内 1/4 为沙漠。伊朗境内主要河流有卡伦河（全长 850 公里）和塞菲德河（全长约 1 000 公里）。

伊朗首都德黑兰属于东 4 时区，比北京时间晚 4 个半小时；每年的 3～9 月实行夏令时，与中国的时差为 3 个半小时。

（二）行政区划

伊朗全国共设 31 个省，大中小约 1 200 个城市。省是伊朗最高的行政区域。首都德黑兰是全国的政治、经济、文化和科研中心。其他主要经济中心城市包括马什哈德、伊士法罕、设拉子、大不里士、亚兹德、卡拉季和克尔曼沙赫。

（三）自然资源

伊朗石油、天然气和煤炭蕴藏丰富。根据2016年版《BP世界能源统计年鉴》，截至2015年底，伊朗探明石油储量达1 578亿桶，占全球总储量的9.3%，居世界第四位；探明天然气储量达34万亿立方米，占总储量的18.2%，超过俄罗斯（32.3万亿立方米），位居世界第一。

目前，已探明矿山3 800处，矿藏储量270亿吨；其中，铁矿储量47亿吨；铜矿储量33亿吨（矿石平均品位0.8%），约占世界总储量的5%，居世界第三位；锌矿储量2.3亿吨（平均品位20%），居世界第一；铬矿储量1 500万吨；金矿储量150吨。此外，还有大量的锰、锑、铅、硼、重晶石、大理石等矿产资源。目前，已开采矿种56个，年矿产量1.5亿吨，占总储量的0.55%，占全球矿产品总产量的1.2%。

（四）气候条件

伊朗气候四季分明。北部夏季较为凉爽，冬季较为寒冷；南部夏季炎热，冬季温暖。德黑兰最高气温在7月，平均最低和最高气温分别是22℃和37℃；最低气温在1月，平均最低和最高温度分别是3℃和7℃。

（五）人口分布

据伊朗国家统计中心发布的数据，2015年，伊朗人口数量为7 880万，其中德黑兰人口数约1 100万。从城乡分布来看，城镇人口占比约72.5%，城市人口主要集中在德黑兰、马什哈德、伊斯法罕等大城市。伊朗人口比较集中的省份有德黑兰、伊斯法罕、法尔斯、呼罗珊拉扎维和东阿塞拜疆。全国人口中波斯人占66%，阿塞拜疆人占25%，库尔德人占5%，其余为阿拉伯人、土库曼人等少数民族。

三、伊朗政治环境

（一）伊朗政治体制及组成

1. 政体。1979年霍梅尼执政后，伊朗实行“政教合一”的政体，神权统治高于一切，国家一切行为必须符合伊斯兰教原则。宗教领袖拥有至高无上的权力，凌驾于所有权力机构之上。1989年4月，宪法进一步强调“政教合一”体制、共和制及领袖的权力不可侵犯。在宗教领袖领导下，实行行政、立法、司法三权分立制度，即国家权力机构由彼此独立的政府、议会、司法部门组成。

2. 专家委员会。1982年12月成立，是选举和监督伊朗最高领袖的权力机构，其职责是选定和罢免领袖。每年举行两次会议。2011年3月8日，马赫达维·卡尼担任该组织主席，并于2014年10月去世。2015年3月，马赫穆德·哈什米·沙赫鲁迪（Mahmoud Hashemi Shahroudi）当选专家会议主席。

3. 领袖。在伊朗伊斯兰革命领袖霍梅尼去世后，赛义德-阿里哈梅内伊（Seyyed Ali Khamenei）1989年6月4日被伊朗专家委员会选举为新的最高领袖（又称精神领袖、革命领袖）。

4. 伊朗议会。伊朗议会是伊朗的最高立法机关，实行一院制。议会通过的法律须经宪法监护委员会批准方可生效。议员由各选区选民通过无记名投票直接产生，任期4年。

5. 总统。伊朗实行总统内阁制，总统作为国家元首和政府首脑，名义上是仅次于领袖的国家领导人，由公民投票直接选举产生，任期4年，可连任一届。总统拥有对领袖掌管事务以外的行政领导权；负责实施宪法、签署议会和经公民投票作出的决定；总统对人民、领袖和议会负责，可直接任命数位副总统和专项事务的特别代表；总统有权任免各部部长，但须经议会认可；内阁部长对总统和议会负责；总统直接负责实施国家计划、预算、行政和就业事务。

6. 司法机构。司法总监由领袖任命，任期 5 年。这是司法领域的最高职务。最高法院院长和总检察长由司法总监任命，任期 5 年。司法部部长由司法总监推荐，总统任命，议会批准，负责协调行政权与司法权的关系。

7. 国家利益委员会。国家利益委员会于 1988 年 3 月 17 日成立，1989 年 7 月经宪法确认。主要职责是为领袖制订国家大政方针出谋划策，协助领袖监督、实施各项大政方针。当议会和宪法监护委员会就议案发生分歧时，由国家利益委员会进行仲裁。现任主席为前总统、前专家会议主席阿克巴尔·拉夫桑贾尼。

8. 宪法监护委员会（“宪监会”）。宪法监护委员会由 12 人组成，其中 6 名宗教法学家由领袖直接任命，另 6 名普通法学家由司法总监在法学家中挑选并向议会推荐，议会投票通过后就任，任期 6 年。主要负责监督专家会议、总统和伊斯兰议会选举及公民投票，批准议员资格书和解释宪法；审议和确认议会通过的议案，裁定是否与伊斯兰教义和宪法相抵触，如有抵触则退回议会重新审议和修改。如与议会就议案发生争议且无法解决，则提交国家利益委员会进行仲裁。宪监会现任主席是艾哈迈德·贾纳提（Ahmad Janati）。

9. 主要党派。目前，比较有影响的政党有：建设公仆党、伊斯兰参与阵线党、伊斯兰工党、伊斯兰联合党、政党之家、伊斯兰同盟协会、真主党之友和伊斯兰革命圣战者组织等。

（二）外交关系

伊朗奉行独立、不结盟的对外政策，反对霸权主义、强权政治和单极世界，愿同除以色列以外的所有国家在相互尊重、平等互利的基础上发展关系。倡导不同文明进行对话及建立公正、合理的国际政治、经济新秩序。认为国家的主权和领土完整应得到尊重，各国有权根据自己的历史、文化和宗教传统选择社会发展道路，反对西方国家以民主、自由、人权、裁军等为借口干涉别国内政或把自己的价值观强加给他国。

2005 年 6 月 25 日，德黑兰市长艾哈迈迪 – 内贾德当选伊朗总统，任内推行反西方政策，进行具有争议的核活动，遭到西方国家的封锁与制裁。2013 年 6 月 15 日，鲁哈尼当选伊朗总统后实施温和、务实的实用主义外交政策，与亚洲、西方、中南美洲等多个国家实行多方位外交互动，表示愿同国际社会进行“建设性互动”，改善伊朗同国际社会的关系。2015 年 7 月，伊朗核问题六国（中国、美国、俄罗斯、英国、法国、德国）同伊朗就伊核问题达成全面协议。2016 年 1 月 16 日，全面协议正式付诸执行。

（三）政府机构

伊朗政府部门主要有：

1. 财经部：制定国家发展计划，对外签订贷款协议，下辖的投资和经济技术支持组织（OIETAI）负责引进外资的立项和审批等。

2. 工矿贸易部：负责国内贸易流通和国际贸易管理、工业制造业、矿石开采和审批等，下辖工业发展和振兴组织（IDRO）、矿产和矿业开发及振兴组织（IMIDRO）、小产业和产业园组织工业园区（ISIPO）、贸易促进组织（ITPO）、国际展览公司、工矿农商会（ICCIM）等机构。

3. 石油部：负责制定油气开发、生产、销售政策和对外签订合作协议。

4. 能源部：负责与电厂建设和发电有关的行政事务。

5. 信息与通讯部：负责与电信、移动电话和网络等规划建设有关的行政事务。

6. 农业圣战部：负责与粮食、农业生产和农产品进出口等有关的行政事务。

7. 道路与城市发展部：负责公共交通车辆采购和运营，海洋运输船只的订购和航运，以及航空运输和住房规划与建设等，下辖铁路局、民航局、航空公司、道路维护和运输组织、港口和海事组织等机构。

8. 其他部门：外交部、国防部、内务部、司法部、科学研究和技术部、健康医疗教育部、教育部、文化与伊斯兰指导部等。

四、伊朗经济环境

（一）经济概况

伊朗是亚洲和中东主要经济体之一，经济实力较强，在中东地区是极少的具备完整工业和制造业的国家。伊朗不仅是联合国的创始成员之一，还是不结盟运动（OIC）、石油输出国组织（OPEC）、伊斯兰合作组织（OIC）、亚洲清算联盟（ACU）和亚洲基础设施投资银行（AIIB）的创始成员。

2016 年国内生产总值（GDP）约为 4 122 亿美元，被世界银行定义为“中高等收入国家”。在石油输出国组织成员国（OPEC）中仅次于沙特阿拉伯排名第二。2016 年国内生产总值增长率为 4. 5%，在石油输出国组织成员国中名列第二。

据伊朗《金融论坛报》2017 年 5 月 31 日报道，伊朗国家统计中心最新报告显示，伊朗历2016年（2016年3月~2017年3月）伊朗的经济增长率为8.3%。随着伊朗核问题的解决，自2016年1月开始，西方国家对伊朗制裁的政策及贸易限制相继解除或弱化，伊朗原油、钢铁及相关产品的产量和出口大增，进而带动了国内经济的强劲增长。其报告披露，伊朗2016年非油经济增长为6.3%。

世界银行（WB）发布的中东和北非经济数据监测报告显示，2016年伊朗经济增速预计为6.4%，而2015年为下滑1.8%。2016年增速加快的主要原因为矿业、制造业、服务业、农业的增速较高。据伊朗国家统计中心报告显示，伊朗历2016年伊朗农业增长5%，工业（含矿业、制造业、能源和建筑业）增长11.3%，服务业增长7.1%。但是，世界银行在分析伊朗中长期发展前景时指出，伊朗中期增长前景一般，因为伊朗原油已接近产能上限，非石油行业低迷，“除非外国直接投资复苏、伊朗重新回归国际银行体系、国内改革取得更多进展，否则非石油行业不会快速增长”。

2017年是伊朗政府制定的第六个五年计划（2016年3月~2021年3月）实施的第二年。随着现任总统鲁哈尼在伊朗第12届总统选举中获胜，原先政府制定的经济政治政策和温和化改革方案将会稳定地延续下去，以确保第六个五年计划年增长率8%的目标得以实现。

自2015年9月起，伊朗政府推出104个基础设施项目，将大力建设其天然气管线，优先发展电力工业，改善海运基础设施，增强铁路客运和货运能力等列为重点发展目标。

（二）工业

1. 石油天然气行业。伊朗经济以石油开采业为主，为世界石油天然气大国，地处世界石油天然气最丰富的中东地区，石油出口是经济命脉。根据美国《油气杂志》2016 年终统计，伊朗已探明石油储量 2 169 863 万吨（折合 1 584 亿桶），约占全球已探明储量的 10.6%，排名世界第四位（仅次于委内瑞拉、沙特阿拉伯和加拿大）；天然气储量 32.3 万亿立方米，约占全球已探明储量的 17%，仅次于俄罗斯，位居世界第二位；全年生产原油 17 450 万吨（折合 12.74 亿桶）位于世界第六位，原油出口量居于全球第二位。

为吸引更多西方国际石油参与伊朗的油气田开发进程，考虑到原有的回购合同（Buy-back Contract）对外国投资者的条件较为苛刻，政府于 2015 年颁布了新伊朗石油合同（New Iran Petroleum Contract，以下简称 IPC 合同），为未来新项目的国际招标打开了一个新的窗口。

2. 钢铁行业。据国际钢铁协会（Worldsteel Association）2016 年 10 月公布的统计报告，2015 年伊朗粗钢产量为 1 614.6 万吨。其产能为 2 370 万吨，产能利用率接近 70%，在世界粗钢产量排名中名列第 14 位，在中东国家中排名第一。

目前伊朗几乎所有重要的钢铁厂商都完全或部分隶属于政府下辖的伊朗矿业发展和改革组织（IMIDRO），该组织对制定伊朗金属采矿业发展战略起着重要作用。其中，最重要的 3 家钢铁生产企业分别是伊斯法罕钢铁公司（Esco）、穆巴拉克钢铁公司（Mubarak，简称 MSC）和胡泽斯坦钢铁公司（Khouzestan，简称 KSC）。

3. 汽车制造业。汽车制造业是伊朗工业体系中重要的组成部分。据世界汽车组织（OICA）披露的 2016 年全球汽车产量统计报告，伊朗全年汽车产量 116.47 万辆，较 2015 年增长 18.6%，列世界第 18 位；全年销售汽车 144.85 万辆。霍德罗（IRAN KHODRO，简称 IKCO）和赛帕（SAIPA）是伊朗国营的两大汽车制造集团。

（三）农业

农业在国民经济中占有重要地位。伊朗农耕资源丰富，全国可耕地面积超过 5 200 万公顷，占其国土面积的 30% 以上，已耕面积 1 800 万公顷，其中可灌溉耕地 830 万公顷，旱田 940 万公顷。农业人口占总人口的 43%，农民人均耕地 5.1 公顷。农业机械化程度较低，其综合收割机与拖拉机保有量分别为 1.3 万台和 36 万台。近年来，伊政府高度重视、大力发展农业，目前粮食生产已实现 90% 自给自足。

（四）电力行业

截至 2016 年，伊朗发电能力在全球排名第 14 位，居中东地区之首。装机容量为 72 000MW。但是，伊朗电力基础设施老旧，电力装备制造工业发展严重滞后，电厂设备年工作小时数和能源利用效率处于较低水平，电网自动化程度低且综合线损率畸高。根据伊朗国家电力公司（TAVANIR）《2015 年度电力行业发展报告》公布数据，截至 2014 年底，伊朗国内总发电装机容量为 73 152 兆瓦，全国范围内电厂综合发电小时数约 3 500 小时；63 千伏至 400 千伏输电网线路总长度 120 751 公里，其中超过 10 万公里输电线路尚未部署光纤通信传输线；电网综合线损率高达 20%。

五、伊朗社会文化、科技与教育

伊朗是著名的文明古国之一，勤劳、勇敢的波斯人创造了辉煌建筑和灿烂的文化。特别是在医学、天文学、数学、农业、建筑、音乐、哲学、历史、文学、艺术和工艺方面都取得了巨大成就，对人类文明的进步做出了巨大贡献。

（一）文化

1. 医学、天文和文学贡献。大医学家阿维森纳在公元 11 世纪所著的《医典》，对亚欧各国医学发展有着重大影响。伊朗人修建了世界上最早的天文观测台、发明了与今天通用的时钟基本相似的日规盘。波斯诗人菲尔多西的史诗《列王记》、萨迪的《蔷薇园》等不仅是波斯文学珍品，而且也是世界文坛的瑰宝。

截至 2015 年，在联合国教科文组织拥有 9 个席位，被联合国教科文组织保护生物圈名录的地点有 11 处。加入联合国教科文组织的俱乐部及协会有 14 个，研究学会和中心有 5 个。

2. 语言。官方语言为波斯语。波斯语已有超过 2 500 年的使用历史，留下了可观的文献记录。波斯文学举世都予以很高的评价。波斯语的诗韵和歌词优美，也是世界文明的伟大瑰宝之一。

3. 影视。伊朗悠久的历史和丰富的文化及特有的视角，伊朗的影视工作者创作出一大批在世界上得到广泛认同的作品，如《小鞋子》《天堂的颜色》《樱桃的味道》《越位》《橄榄树下的情人》《一次别离》《推销员》，等等。在过去的 25 年中，伊朗电影在全世界影展得到广泛的认同，获得过 300 多项国际奖项。其中，伊朗电影导演阿斯哈·法哈蒂执导的《一次别离》和《推销员》两夺奥斯卡最佳外语片奖。

4. 联合国世界遗产、非物质文化和自然保护名录。伊朗自 1975 年 2 月 26 日加入《保护世界文化与自然遗产公约》的缔约国行列以来，截至 2017 年 7 月，经联合国教科文组织审核被批准列入《世界遗产名录》的伊朗世界遗产共有 22 项（包括自然遗产 1 项、文化遗产 20 项），在数量上居世界第 11 位。

（二）科技

伊朗科技通过技术引进，鼓励发明创造，委派学生出国深造等多种方式学习和推进本国的科技发展。据联合国教科文组织数据，截至2012年伊朗每百万人从事科技研究人数平均比率为1 250.04，每百万职业科技研究人员为691.41。研发投入占国民生产总值（2012年标准）的0.3%。

（三）教育

据联合国教科文组织2015年报告披露，伊朗成人识字率达到87.17%，女性成人识字率为83.18%，年轻人识字率为98.03%，其中15岁及以上男性识字率为91.14%；年轻女性识字率97.77%，其中15岁及以上女性识字率为83.18%。国家对适龄儿童实行免费的义务教学，适龄儿童入学率男性和女性的比例分别为106.26%和111.67%。全国共有高等院校346所，大学生近340万人。著名的大学有沙里夫理工大学、德黑兰大学、伊斯法罕理工大学、阿米尔卡波尔理工大学等。

第二节　法律渊源和部门法体系

一、伊朗法律渊源

（一）世俗法

伊朗世俗法按其层级排列，如法律之间存在冲突，则以排列在先的法律为准。主要包括宪法；议会常规法律或法案；各部部长颁布的法令；各部部长或其他行政机构颁布的规定，通常依据议会法案的权限及为了实施该等法案而颁布；各部部长或行政机构颁布的通告，通常是为了对更具行政性质的事项予以规范。

议会法案不能与宪法或伊斯兰教准则相冲突。因此，议会的所有制定法应当经宪监会批准。在议会与宪监会之间出现分歧的情况下，则应提交国家利益委员会作出最终决定。

（二）伊斯兰教法

伊斯兰教法以《古兰经》（以真主名义发布的启示）、圣训（对穆罕默德本人言论和活动的传送，即对古兰经的补充和具体化）等为主要渊源，其中《古兰经》具有最高宪章性质，确立了“法度自阿拉意志出”的神圣立法思想。

理论上，伊斯兰教法是“神启的”，国家立法机关不能颁布新法，修改、增补或者废除法律，只能通过深入研究体现在《古兰经》和圣训中的法律、发现、领会来解释其含义，从而创造新的法律规则，推动伊斯兰法的发展。这种研究神启的任务由法学家通过类比、公议的方法完成。

二、伊朗部门法体系

伊斯兰教法深刻影响伊朗行政法、战争法、民法、刑法、婚姻家庭法、继承法等法律部门。例如，民法方面，《古兰经》宣扬真主允许买卖、经商合法；注重履行诺言，契约一经订立必须履行；食言者必须施舍赎罪；禁止利息等。婚姻家庭继承法方面，伊斯兰教法主张成人必婚、反对禁欲独身；婚姻自主、夫妻平等；有限制的一夫多妻；反对离婚。

（一）伊朗主要法律部门

1. 宪法；

2. 刑法，包括刑法典、伊斯兰刑法典、刑罚与惩罚法、反洗钱法、反毒品法等；

3. 民商法，包括民法典、商法典、第三人强制责任法、电子商务法、公司法等；

4. 民事诉讼法，包括民事诉讼法典、国际仲裁法等；

5. 刑事诉讼法，包括刑事诉讼法典等；

6. 经济法和行政法，包括税法、劳动法、社会保障法、失业保险法、石油法、矿业法、进出口管理法、鼓励和保护外国资法、自贸区和经济特区的行政管理法规、直接税法、海关法、银行金钱法、无利息银行法、保险法、环境保护法、海商法等；

7. 知识产权法，包括商标法、专利法、著作权法等；

8. 婚姻家庭法等。

（二）新商法典

伊朗法律近年来的重大发展是议会于 2014 年 4 月 6 日批准了新的《商法典》。然而，伊朗宪监会于 2014 年 6 月否决了该项法案，并裁定议会无权临时通过该法案。截至目前[①]，新商法典仍有待宪监会的批准。

整体而言，新《商法典》延伸及完善了贸易和商业活动、贸易商的权利和义务、商业合同、担保、贸易文件、自然人和贸易公司以及改组和破产等问题相关的规定。其他关键修订还有：公开股份实体的类型得以扩展，引入了公开股份一般合伙

① 本书所称“截至目前”或“目前”均指截至 2017 年 10 月。

企业（Public Joint Stock General Partnerships）及公开股份合作企业公司（Public Joint Stock Co-operative Companies）；公开合股公司（Public Joint Stock Companies）的最低股本要求从500万伊朗里亚尔增加至50亿伊朗里亚尔；公开合股公司在成立之前必须获得证券和交易管理署的批准，以确保其拥有相应的财务实力；公开合股公司为邀请公众投资其股份而发行的招股书必须由证券和交易所委员会刊发；在公开合股公司的不记名股票数量不得超过公司股份总数的30%，任何已发行的优先股必须进行登记，每股的名义价值不得超过100万伊朗里亚尔；成立私有股份公司的最低股本要求已从100万伊朗里亚尔增加至500万伊朗里亚尔。

第三节　伊朗主要法律制度

一、伊朗公司法

在伊朗，当地投资者和外国投资者最常使用的商业实体形式是私有股份公司、公开合股公司及有限责任公司。这三种公司的主要特征如表1-1所示。

表1-1　三种公司的主要特征

法律实体类型	股东/成员人数	最低股本要求	股份类型	股东/成员的责任	董事会	审计师
私有股份公司（Private Joint Stock Company）	至少3名	100万伊朗里亚尔	不记名或登记形式的普通股或优先股	以支付股份的面值为限	强制要求	强制要求

续表

法律实体类型	股东/成员人数	最低股本要求	股份类型	股东/成员的责任	董事会	审计师
公开合股公司（Public Joint Stock Company）	至少5名	500万伊朗里亚尔	不记名或登记形式的普通股或优先股	以支付股份的面值为限	强制要求	强制要求
有限责任公司（LLC）	至少2名	无	有限责任公司没有股份。成员拥有一定比例的公司资本	以向公司投入的资本为限（有限责任公司的名称与成员的姓名相同时除外）	无强制要求，但需要任命管理董事	无强制要求

（一）伊朗公司的相关法律规定

在伊朗成立的任何公司均为伊朗公司，即便这些公司是100%利用外资在伊朗设立且无伊朗籍股东。因此，在伊朗的外籍人士所成立的公司可能会从伊朗本国公司可享有的所有激励措施及机会中受益。例如，伊朗不动产所有权法禁止外国人拥有不动产，但外国人成为在伊朗成立的公司的股东后，便可以公司的名义购买及持有土地。

1. 公司类型。伊朗法律承认的公司类型主要包括私有股份公司、公开股份公司、有限责任公司、普通合伙企业、有限合伙企业、股份合伙企业、比例责任合伙企业及合作企业。因管理程序的相对便利，外商投资者成立公司时常采用有限责任公司以及私有股份公司的形式。

2. 股本。伊朗公司的股本必须以伊朗里亚尔登记。股本可以现金或实物支付。如果以实物支付股本，则需要由司法部登记的估值专家进行估值。如果以现金支付股本，在注册时应至少支付总股本的35%，剩余部分在5年内支付。

3. 实物出资。私有股份公司及有限责任公司允许以实物出资。理论上，出资实物可是任何有价物，其中房地产最为常见。私有股份公司的所有实物出资必须经官方专家的评估，股东不能接受高出官方专家评估价的出资部分。而有限责任公司的所有实物出资由股东评估。

4. 股东数量。在伊朗设立私有股份公司至少需要 3 名股东，公开合股公司至少需要 5 名股东，有限责任公司至少需要 2 名股东。

5. 股东会。私有股份公司股东会需由持有公司半数股份的股东参加。邀请股东设立股东会为董事会的职责，每年举行一次。应当由股东大会审议的事项包括董事会的选举、公司盈亏分析、公司财产及负债、董事及监察人员报告以及与公司财年相关的任何其他事项。

有限责任公司股东决定应由持有半数公司注册资本的股东作出。

6. 董事会。私有股份公司必须设立董事会，有限责任公司可不设董事会，但必须委任 1 名管理董事。

私有股份公司董事数量最低为 3 名，无连任次数限制。除依据法律必须由股东大会决定的事项外，董事会对公司经营活动拥有决策权。

（二）外国公司的分支机构或代表处

1. 外国公司的分支机构或代表处。自 1997 年以来，如果外国公司的母国允许伊朗公司在该国司法管辖区内设立代表机构，则该外国公司也可以在伊朗设立分支机构或代表处。

分支机构和代表处一般从事不同类型的活动。分支机构是更加常见的选择，其能够从事的活动包括：提供售后服务；履行与伊朗自然人或法律实体签署的合同；对投资伊朗展开调研；经伊朗政府授权进行特定受限制的活动，例如在需要特殊许可的交通领域提供服务；提供技术和工程服务以及转让科技知识和技术等。

2. 注册分支机构或代表处的要求。计划开设分支机构或代表处的公司必须是一家已在其来源国注册的公司，并且来源国和伊朗必须存在双边待遇，即就分支机构或代表处的注册而言，伊朗公司在外商投资者所在国必须能够享有同等待遇；代表机构应由永久居住于伊朗的人士管理。

经注册的分支机构及代表处允许从事以下活动：提供国外产品及服务；履行伊朗公司与外国公司之间订立的合同；为伊朗的外商投资的实施提供便利；与伊朗的技术或工程合作，以达成国外项目；增加伊朗的非石油类出口；提供技术或工程服务以及进行技术交流；从事经伊朗法定主管机构明确授权的各项活动，例如，运输、保险、银行及营销等。除了明确允许的活动外，分支机构和代表办事处不能直接开展商业活动。

3. 向公司注册处及工业产权局提出申请。向公司注册处及工业产权局提出的每项申请均需附上以下材料的英文版及波斯语版：支持性文件（表明在既定业务活动领域方面的经验）；外国公司组织章程细则、设立许可文件及其最新修正案；正当性报告（解释预设业务活动的目的、预设活动将雇用的伊朗及非伊朗籍雇员的预估人数、公司融资方法）；外国公司最近一期财务报告；相关部委、部门及国有组织出具的证明函，表明已与外国公司达成协议且共同合作（如适用）。此外，就设立代表处而言，需附上申请人的身份证明文件或者公司组织章程细则（如为法定实体）；其代表必须为伊朗籍国民，且各公司仅允许在伊朗设有一处正式代表处。

二、伊朗合同法

伊朗合同法律制度包含于《民法典》之中。整体而言，伊朗合同法与其他大陆法系国家的合同法并无明显差别。主要内容包括：

（一）契约自由

除伊斯兰教法明确禁止的情形外，契约自由适用于所有合同，《民法典》第183条释明："任何合同的基础为自愿达成合意……（除非与伊斯兰教及道德不符）。"缔约方可自由约定适用于其关系的各项条款，该原则记载于《民法典》第10条："个体自行达成的合同对缔结合同的各方均具约束力，只要其不违背法律的明文规定。"伊朗法院通常承认合同的不可侵犯性，在解释合同时，法院会尽量按照协议条款的文义解释。

（二）法定形式要求

法律并未要求合同应为书面形式，根据伊朗法律，口头合同可予以强制执行。合同有效的基本条件载于《民法典》第190条，即意图及相互同意、行为能力、标的明确、交易事由合法。如因错误或胁迫而同意交易，或者存在与交易标的物相关的错误的，则合同不可强制执行。

（三）合同的效力

《民法典》第233条规定，合同订立后，在对合同的有效性或合法性存疑的情况下，原则上推定合同有效。在适用伊斯兰教法的合同项下，适用同样的合法性推定原则，除非已证明任何交易违法，否则一律视为有效。由此，合同通常均可强制执行，除非其违反了法律的强制性规定或公共秩序（如有关赌博或收取利息的相关规定等），在此情形下，合同中的违法规定可视为无效，且可从合同中剔除。

（四）合同相对性原则

《民法典》第 231 条确立合同相对性原则，即合同仅对签约各方有效，不对第三方产生效力。其理由是，合同双方能为自身创设权利义务，但不能影响未参与缔约者的法律地位。但是，根据《民法典》第 196 条，合同义务对签约各方的法定代表人有效。

（五）合同义务的解除

《民法典》第 264 条规定，合同项下义务可通过以下六种途径之一解除：该等义务履行完毕；取消交易；免于履行该等义务；以不同义务代替原有义务；抵销或扣减；以及各方之间达成债务收购。

（六）合同救济

强制履行是违约行为的优先救济措施，法院可命令合同各方或第三方履约。如履行已无可能，则判令给予损害赔偿。一般而言，一方有权就不履约或迟延履约行为追讨损害赔偿，但根据伊朗法律，利润损失一般不可追偿。

各方就损害赔偿达成的约定通常会获得支持，但前提是该等约定未违反法律的强制性规定或公共秩序。与免责及责任限制相关的合同条款原则上可强制执行，但人身损害及死亡不得免责。

（七）终止及不可抗力

除非合同明确规定享有相关终止权，单方终止合同在伊朗法下较难实现，因此，合同必须规定明确的终止或中止条文及程序。在无明确合同条文依据的情况下，终止协议则需谨慎。

伊朗法中无明确的不可抗力规定，但如合同中含有不可抗力条款，法院通常会认可该规定。

（八）准据法的选择

对于伊朗自然人（或伊朗公司）与外国自然人（或外国公司）之间的合同，如果合同在伊朗签署，则受伊朗法律管辖，合同双方对于准据法的约定无效。如果在其他司法管辖区签署合同，则该合同受签署地司法管辖区的法律管辖，除非各方选择另一个司法管辖区的法律，且该选择根据签署合同的司法管辖区法律的冲突规则被视为有效。如果没有明确选择管辖法律，则合同受签署合同所在地区的法律管辖。

三、伊朗财产法

（一）与外国投资有关的土地法律制度

1. 外国投资者不得在伊朗持有土地。外国投资者不能在伊朗获得土地的所有权。根据《鼓励和保护外国投资法》第 1 条规定，外国投资者包括非伊朗国籍的自然人和法人。第 2 条规定，1931 年颁布的《外国人持有不动产法》（Law Pertaining to Ownership of Immovable Property by Foreign National）在伊朗仍然现行有效，该法规定，不允许外国人以任何形式、在任何程度上持有土地。

2. 外国投资者可通过设立伊朗公司间接持有土地。伊朗法律并未对外国投资者在伊朗公司内的持股比例做出限制，因此伊朗法律允许设立伊朗籍的全外资企业。根据《鼓励和保护外国投资法》第1条的规定，在伊朗注册成立的公司为伊朗法人，不受1931年《外国人持有不动产法》的限制，可以持有土地。因此，即使是全外资企业，只要在伊朗注册成立，就可以持有土地。同时，伊朗《商法典》也未对内资和外资企业做出任何区分。

3. 外国投资者可在特定情况下拥有不动产①。如不动产用于商业或工业用途或个人住所，且获得伊朗政府的批准，外国人在伊朗可拥有不动产。

4. 外国投资者在伊朗可租赁不动产。根据《业主与租户法》以及《民法典》，双方当事人之间可以自由商定不动产租金，并无对租客身份的限制。

（二）担保法律制度

伊朗担保法律与其他国家担保法之间的主要差异之一是关于抵押的规定。依据伊朗法律规定，订立抵押合同必须将相关财产转移由抵押权人占有。《民法典》第722条规定，“担保财产必须转移由抵押权人或双方约定的某一人士占有；但是该等财产应当保持前述占有状态并非交易有效性的必备条件”。根据该规定，抵押合同只有在标的物转移由抵押权人占有后方为有效。

伊朗担保法律的另一特点是关于财产的定义。依据《民法典》第774条，“担保物必须为有形物，以债务或利润进行的担保无效”。由于该条的限制，针对公司股权及债券是否可归类为“有形物”、在法律上存在争论。就股权而言，股权可被视为对

① 全球地产指南网站对伊朗不动产相关规定的总结：https：//www. globalpropertyguide. com/Middle – East/Iran/Buying – Guide。

股东的一项债务，公司资产归属于公司法人实体，而非归属于股东。因此，股权证书不被视为可予交付和占有的有形财产。就债券而言，伊朗《商法典》强调，“债券持有人不应参与公司管理，仅视为公司的债权人”。实践中，银行仍准许将股权及债券作为“财产”予以转让，通常将股权证书视作合同标的物，而非公司对股东所负的债务。即便法院曾认定股权所有权保留协议无效，这也依然是伊朗金融业实践中的通常做法。

特别提示：鉴于法律实践与《民法典》之间冲突状况，外商投资者在订立选择权买卖协议、股份所有权保留协议、担保协议前应当征询相关建议，或使用与当地法律更为契合的其他形式的合同。

四、伊朗税法

《直接税法》是伊朗税收体系的主要组成部分，由纳税人、财产税、所得税、各种规定等几部分组成。根据《直接税法》，原则上对房地产、未开发的土地、继承财产、从事农业活动、工资、公司、附带收入以及通过各种来源获得的总收入征收直接税收。伊朗主要税种包括个人工资所得税、营业所得税、法人所得税以及其他税费，具体内容见本书第六章。

五、伊朗能源法

（一）与外国投资者有关的石油天然气法

1. 主要法律规定。《宪法》第 81 条规定，绝对禁止给予外国人特许权以组成公司或机构从事商业、工业、农业、服务业或矿产开采。该条深刻地影响着外国公司在伊朗的经营[①]。

1981年制订的《第一个社会、经济发展五年计划》中规定了利用外国投资作为经济发展的重要手段。但是，利用外国投资与《宪法》第81条的基本精神相违背，也与一脉相承的《宪法》第44条“石油工业必须公有国营”相违背。根据《宪法》第81条和第44条的要求，《石油法》第2条规定，“自然资源必须置于国家主权之下”；《石油法》第6条规定，“油气行业不允许任何形式的外国投资”。为了避免与《宪法》和《石油法》冲突，实现利用外国投资的目的，经过慎重考虑和研究，伊朗政府在《第一个社会、经济发展五年计划》中提出了“回购”这一对外合作模式，以满足国家的工业和矿产业发展需要。

2002年5月26日，伊朗国家利益委员会批准了《鼓励和保护外国投资法》，把回购合同作为利用外国投资方式纳入该法鼓励和保护的范围。虽然在伊朗伊斯兰革命意识形态及《宪法》的限制下，伊朗政府提出的回购合同模式是世界上通行合同模式中对外国公司最苛刻、最不利的一种合同模式，但是通过《鼓励和保护外国投资法》的最终确认，该合同模式至少在法律上是有充分保障的。

2. 主管部门。伊朗在《宪法》和能源相关的法律法规授权下设立了如下能源主管部门：石油部（负责制定油气开发、生产、销售政策和对外签订合作协议）；能源部（负责电厂建设和发电等）；工矿贸易部（负责国内贸易流通和国际贸易、工业制造业、矿石开采和审批等）。

① 伊朗《宪法》第81条从波斯文翻译成英文是：“The Granting of Concessions to Foreigners for the Formation of Companies or Institutions Dealing with Commerce, Industry, Agriculture, Service, or Mineral Extraction, is Absolutely Forbidden”。

伊朗所有的石油和天然气活动均受石油部管理，该部下设立四家子公司，以实施和执行相关法律和程序。包括：伊朗国家石油公司（NIOC）、伊朗国家燃气公司（NIGC）、伊朗炼油与配送公司（NIORDC）以及国家石油化工公司（NPC）。

石油部的职权由2012年《石油部职责与权力法》第3（d）条所赋予，其中规定，在外商投资方面，该部所享有的权利包括：石油、天然气、石油化工和炼油行业开发和投资项目的批准，以形成完整的生产链，并创造出更多的附加价值；建立有效机制，吸引实施开发项目所需的国内外资金，保持产能符合相关法律法规的要求；吸引和引导国内外资本进行油气田开发，通过设计新的合同模式，优先开发共同所有的油气田。

（二）可再生能源法

1. 主要法律规定。伊朗政府近年来出台政策和法律机制，支持可再生能源行业，鼓励私有发展商投资，包括：（1）《内阁部长令H 52375 T/153440－修订的关税税率》（2016年2月）和《能源部的指令（第95/14273/30/100号）》（2016年5月），为伊朗再生能源组织与可再生能源生产商签署长期购电协议（Power Purchase Agreement，PPA）提供法律依据；（2）《可再生能源电力采购预算》（2013年），旨在对消费者收取农村电气化和可再生能源项目的费用；（3）《消费模式修改法》（2011年）第61条规定，国家环境保护部有义务通过具有担保关税的长期合同购买电力；（4）《第五个社会、经济发展五年计划》（2010年至2015年）第133条（B款）及其部长理事会（2010年）批准的行政指示，规定了国家可再生能源目标；（5）《国家发展基金》（2010），旨在通过伊朗石油和天然气收入为项目提供资金；（6）《宪法》第44条（2004年）

的修正案，规定至少有20%的国有电力公司应由私营部门和“合作”实体持有；（7）《政府财务条例法》（2001年）第62条和第62（2006年）条的执行指令，与欧洲的电价法相似，并规定了政府购买可再生能源的义务保证价格。

2. 主管部门。1975年成立的能源部是负责规范和实施伊朗电力可再生能源水务和废水服务政策的主要机构。能源部成立了伊朗发电及输配电公司（TAVANIR），负责管理和监督政府运营和发展电力行业的活动。这包括各地区的电力公司以及伊朗再生能源组织（SUNA）。

伊朗再生能源组织成立于1996年，最初只负责评估伊朗潜在的可再生能源行业，并试图吸引私营部门投资者，保证购买任何可再生能源。目前，伊朗再生能源组织的职责已经增加，包括作为发展政策的监管机构，发布可再生能源项目许可证，并与开发商签订购电协议。伊朗再生能源组织已经能够为渴望进入伊朗可再生能源市场的开发商提供更有吸引力的能源销售协议。伊朗再生能源组织可能介入到能源项目的各个进程，包括项目注册、获得许可证、项目建设、运营等。

（三）矿业法

1. 主要法律规定。1998年5月，伊朗议会根据《宪法》第44条和第45条批准了新的《矿产法》。新的《矿产法》体现了鼓励矿产开发、以国内供应取代进口的原料和半成品、鼓励非政府资金参与矿业投资、使国家摆脱单一经济的精神。

《矿产法》的特别规定包括：允许以经证实的矿产储量作为担保（第10条，附注2）；将勘探期从6年增加到35年，优先考虑拥有正式和流通票据或所有权契约的勘探许可证所有人（第10条，附注2）；鼓励和支持矿产和金属部门提取和加工出口和生产增值矿物（第16条和第17条）；组织和优化采矿专家和地质学家的服务（第 27 条）；消除对生产材料施加不必要和间接费用的规定，以便提高计算采矿产品生产经济性时的稳定性（第 29 条）；建立矿业活动资本投资基金，以补偿矿产开采商和矿产提取者的全部或部分经济损失以及防止矿产储量的破坏和浪费（第 34 条）。

2. 主管部门。《宪法》第 44 条和第 45 条和新《矿产法》第 2 条规定，伊朗矿产管理权归属于工矿贸易部，该部权限包括：保护矿产储备、发放采矿许可证、采矿工程监理、准备采矿活动、促进矿产资源增值、矿业部门提供就业机会、加强矿业部门在经济社会发展中的作用等。

六、伊朗环境法

《宪法》第 15 条规定，保护环境、保证后代的生存权利是伊朗伊斯兰共和国的公众责任。因此，任何经济或其他能够导致环境污染和对生态造成不可修复损害的行为都是被禁止的。伊朗鼓励加强矿区环保。2011 年 2 月，伊朗议会修改《矿产法》，对开发新技术、保护矿区环境的业主，减免征收其矿产品国家收入部分 20% 的金额。

《第五个社会、经济发展五年计划》第 104 条和第 134 条对环保的具体要求做出规定：在伊朗新建化工厂、炼油厂以及发电能力超过 100 万千瓦的发电厂、年产 30 万吨以上的矿山以及年产 10 万吨以上的轧钢厂在可行性研究阶段需经过环保评估。开发地上或地下水资源、建立城市、工业、畜牧业、服务业供水系统必须获得许可证；设立需排放大量污水的企业必须得到政府的许可。违反以上条款的行为将得到相应处罚。1999 年以后，在伊所有车辆必须符合 ECE – IS04 排放标准，此后所有的汽车制造厂也必须符合 ECE – R83 标准。公交车及中巴车必须符合

ECE13.04 标准。

环保评估由伊朗环保组织和当地政府的环保部门负责。根据项目不同可能有不同具体要求。

伊朗环保部是负责环境管理的政府部门，主要职责包括：（1）执行《宪法》第50条的规定，保护伊朗环境及合法利用自然资源，保证经济可持续发展；（2）阻止任何破坏环境的行为；（3）保障伊朗生态的多样性。

七、伊朗知识产权法

文化与伊斯兰指导部是负责伊朗知识产权管理的政府部门。该部下设的作者、作曲者和艺术家部门，是负责版权事务的主要政府机构；工业产权办公室是涉及工业产权保护的主管部门，包括按照国际标准和管理起草版权保护法规，以及国际商标注册服务等。

伊朗知识产权法律框架由国家法规和国际文件组成：

1. 国家法规包括：（1）《专利、工业设计和商标注册法》（专利法）（2008 年）；（2）《地理标志保护法》（2005 年）；（3）《电子商务法》（2003 年）；（4）《作者、作曲家和艺术家权利保护法》（1970 年）。

2. 国际文件包括：（1）《专利合作条约》（2013 年 10 月 4 日）；（2）《保护原产地名称及其国际注册里斯本协定》（2006 年 3 月 9 日）；（3）《制止商品产地虚假或欺骗性标记马德里协定》（2004 年 6 月 18 日）；（4）《商标国际注册马德里协定》（2003 年 12 月 25 日）；（5）《商标国际注册马德里协定有关议定书》（2003 年 12 月 25 日）；（6）《建立世界贸易组织协定》（2002 年 3 月 14 日）；（7）《保护工业产权巴黎公约》（1959 年 12 月 16 日）。

八、伊朗海关法

伊朗与海关有关的主要法律有《海关法》《进出口法》及其实施细则。此外，工矿贸易部还会不定期地发布一些最新的进出口规定。具体内容见本书后续相关章节。

九、伊朗总体法律环境的风险与防范

（一）总体法律环境风险

1. 法律体系复杂且不完备。伊朗法律体系十分复杂，存在“三朝”（恺伽王朝、巴列维王朝、伊斯兰共和国）法条与伊斯兰教法混存的庞杂模糊的法律体系；法律体系不完备，注释过多、对法律的解释空间过大，此外，涉及波斯语的翻译问题，外国投资者对当地法律适用时困难重重。

2. 投资项目受区域性环境风险影响大。伊朗是受制裁国家，外国投资者在区域内的投资行为受到多方制裁法案的限制和约束，投资者面临着多元和复杂多变的法律适用环境。

3. 很难通过多边协定获得保护。目前，伊朗还不是世界贸易组织（WTO）成员国，其参加的伊斯兰经济合作组织（ECO）等地区性经济组织的影响力和覆盖范围十分有限，对伊开展投资合作仍难以通过这些组织的相关规则得到保障。

（二）风险防范

1. 签订对伊双边投资保护协定，以政府信用加强保障[①]。在以政府间双边投资保护协定作为基本法律保障的基础上，双方还可针对双边投资发展出现的新情况、新问题对协定中的某些重点领域或未涵盖的问题签订补充协定。伊朗政府对外签订的投资协定及其补充协定，经伊朗议会批准后，在伊朗国内具有法律效力。

2. 订立完善的合同文本，寻求合同和商事法律的保护。鉴于伊朗外商投资法律制度的特殊性和不完善，如在伊大型油气、矿产项目，其合作模式要采取回购合同或 IPC 合同等伊朗法定的特殊商业模式，因此在合作协议中有必要结合项目的具体情况对合作相关细节作出全面、细致、清晰的约定。此外，对伊朗投资法律风险的防范还可以通过在合同谈判中坚持加入法律稳定条款、不可抗力条款、政治性风险因素条款，以及购买政治风险保险等方式进行防范。

依合同法规则，合同约定的条款与强行法冲突时无效。因此，在拟定相关合同条款时仍需仔细研究伊朗国内的相关投资法规则。在伊朗国内强行法没有规定或是规定抽象、笼统、模糊的领域，制定详细周密的合同条款就凸显出重大价值。通过合同条款对合作双方的权利义务作出明确约定，可以大大减少不确定性和不可预见性带来的风险。

3. 参照判例与国际惯例，寻求对等保护和最惠国待遇。因在伊投资发生纠纷起诉到当地法院或进行仲裁，法官或仲裁员虽然通常只依据伊朗现行相关法律规则进行裁判，但是参照伊朗国

① 中华人民共和国驻伊朗伊斯兰共和国大使馆经济商务参赞处：《伊朗外商投资法律制度中阻碍吸引外资的几个因素及其规避方法分析》：http：//ir. mofcom. gov. cn/article/ztdy/201107/20110707636807. shtml。

内以往的判例或国际惯例，对保护外国投资者正当权益亦具有重要意义。发生纠纷时，外国投资者应尽可能搜集并向伊朗法院或仲裁庭提供先前处理类似问题的判例、国际通行的商业规则和惯例等。

第四节　国际法律制度

一、伊朗国际法律制度概述

伊朗参加的主要国际公约包括与国际仲裁裁决相关的《纽约公约》，保护产权、商标与专利的《建立世界知识产权组织公约》《保护工业产权巴黎公约》《专利合作条约》等，以及促进外国资本直接投资的《多边投资担保机构公约》。伊朗对于以上国际公约的适用在某些方面有一定限制，并且尚未参与其他一些重要的国际公约（如《联合国国际货物销售合同公约》和《解决国家与他国国民间投资争端公约》）和国际组织（如世界贸易组织），一定程度上影响了伊朗的投资环境。

尽管如此，伊朗近年也为吸引外国投资、带动国内和区域经济采取了一系列措施。伊朗在边境地区和内陆分别建立了自由贸易——工业区和经济特区，并出台了诸多面对外国投资者的优惠政策。伊朗境内数量众多的小产业和产业园组织也有与外国投资相关的宽松政策，这些都促进了伊朗的对外合作。

此外，伊朗与多个国际贸易组织和集团的关系持续进步，与其他 60 多个国家缔结了双边投资保护协定，并参与了伊斯兰合作组织、经济合作组织，签署了相关的多边投资保护协定和区域自由贸易协定。这些国际合作促进了伊朗与东盟国家、经济合作组织其他成员国、上海经济合作组织成员国等国的交易，并有望在未来进一步增长。

总体而言，伊朗有关外国投资的国际法律制度仍不完善、存在诸多风险，但其也采取行动、出台政策和法律法规以改善国内投资环境，并与其他国家展开国际合作和贸易往来。在其经济制裁解除后，这一趋势有望进一步发展。

二、伊朗与中国签订的双边协定

在国际贸易领域，伊朗与中国签订了若干协定和其他法律文件，以保障和促进中伊贸易，其中包括双边投资保护协定和避免双重征税的协定。针对能源行业，伊朗与中国在石油领域开展合作，签署了原油贸易长期协定，并共同推进丝绸之路经济带建设。此外，中伊通过一系列其他双边协定扩大了在交通运输、金融、通信、文化、司法、投资等多个领域的合作，建立中伊全面战略伙伴关系。

（一）《关于相互促进和保护投资协定》

2000 年 6 月，中国政府与伊朗政府签订了《中华人民共和国政府和伊朗伊斯兰共和国政府关于相互促进和保护投资协定》（2000 年 6 月）（以下简称《中伊双边投资协定》）。[①]

该协定适用于协定生效前或生效后缔约一方的投资者根据缔约另一方的法律和规定在后者领土内所进行的投资。在伊朗方面，该协定仅适用于由伊朗投资经济和技术援助机构或继承它的

① 《中伊双边投资协定》：http：//investmentpolicyhub. unctad. org/Download/TreatyFile/744；http：//tfs. mofcom. gov. cn/aarticle/h/at/201002/20100206778932. html。

任何机构批准的投资。

根据该协定，“投资者”是“在该协定框架下在缔约一方领土内投资的人”，例如法律实体，包括根据缔约任何一方的法律组建且其住所在该缔约一方领土内的公司、协会及其他组织。此外，该协定将“投资”定义为缔约一方投资者依照缔约另一方的法律和法规在缔约另一方的领土内所投入的各种财产或资产，其中包括公司的股份、债券、股票和任何其他形式的参股。

特别提示：中国与其他国家之间签订的双边投资协定（例如，《中荷双边投资协定议定书》）将“投资”的范围扩大到缔约一方投资者所拥有或控制的第三国法人在缔约另一方领土内根据该缔约另一方的法律和法规所作的投资。不同于此类定义，《中伊双边投资协定》并无类似安排。因此中国企业通过设立在海外的特殊目的公司投资伊朗时，很难主张该等间接投资属于《中伊双边投资协定》范围内的“投资”而要求适用该协定。

《中伊双边投资协定》主要针对投资者在缔约另一方领土内的投资保护制度进行了规定，例如充分的法律保护和待遇、优先适用条款、免征保护及补偿和资本自由汇回和转移保证等。如果缔约双方投资者间就投资产生争议，根据《中伊双边投资协定》第 12 条，双方应首先努力以友好的方式通过谈判和协商解决。如在提出请求的通知之日起六个月内未能达成一致，任何一方可将争议提交到东道国缔约一方的法院或仲裁庭。

（二）《关于对所得避免双重征税和防止偷漏税的协定》

2002 年 4 月，中伊双方针对避免双重征税缔结了《关于对所得避免双重征税和防止偷漏税的协定》（2002 年 4 月）（以下简称《中伊避免双重征税协定》)。[①]

该协定适用于缔约国一方居民或者同时为双方居民的人。“缔约国一方居民”指按照该缔约国法律，由于住所、居所、注册地、总机构所在地，或者其他类似的标准，在该缔约国负有纳税义务的人。

该协定适用于由缔约国一方或其地方当局对所得征收的所有税收，不论其征收方式如何。对全部所得或某项所得征收的税收，包括对来自转让动产或不动产的收益征收的税收，对企业支付的工资或薪金总额征收的税收以及对资本增值征收的税收，都应视为对所得征收的税收。

此外，《中伊避免双重征税协定》还就财产收益、独立个人劳务、非独立个人劳务、董事费等避免双重征税安排进行了相应规定。

根据该协定，应根据如下安排消除双重征税：中国居民从伊朗取得的所得，按照该协定规定在伊朗缴纳的税额，可以在对该居民征收的中国税收中抵免。但是，抵免额不应超过对该项所得按照中国税法计算的中国税收数额。

（三）中伊两国签署的能源行业双边协定[②]

中伊两国针对能源行业签署了双边协定和谅解备忘录，主要包括：《中华人民共和国政府和伊朗伊斯兰共和国政府关于在石油领域开展合作的框架协议》（2002 年 3 月）；《中华人民共和国政府和伊朗伊斯兰共和国政府原油贸易长期协定》（2002 年 3 月）；《中华人民共和国政府和伊朗伊斯兰共和国政府关于共同推进丝绸之路经济带和 21 世纪海上丝绸之路建设的谅解备忘录》

① 《中伊避免双重征税协定》：http：//www. chinatax. gov. cn/eng/n2367756/c2368574/part/2368576. pdf；http：//www. chinatax. gov. cn/2013/n1586/n1593/n1659/n1664/c241539/content. html。

② 国际贸易投资网对中伊双边协定的总结：http：//www. china - ofdi. org/ourService/0/937。

（2016 年 1 月）；《中国国家原子能机构和伊朗原子能组织关于和平利用核能合作的谅解备忘录》（2016 年 1 月）。

（四）中伊两国签署的其他双边协定[①]

除以上所述双边协定外，中伊两国还签署了多项其他双边协定和谅解备忘录，主要包括：《中华人民共和国政府和伊朗王国政府民用航空运输协定》（1972 年 11 月 18 日）；《中华人民共和国政府和伊朗王国政府贸易协定》（1973 年 4 月 8 日）；《中华人民共和国政府和伊朗王国政府支付协定》（1973 年 4 月 8 日）；《中华人民共和国政府和伊朗伊斯兰共和国政府关于成立经济、贸易和科学技术合作联合委员会的协定》（1985 年 3 月 5 日）；《中国工商会和伊朗商会合作协定》（1989 年 9 月 20 日）；《中华人民共和国政府和伊朗伊斯兰共和国政府贸易协定》（1991 年 8 月 19 日）；《中国机械电子工业部与伊朗重工业部谅解备忘录》（1991 年 12 月 12 日）；《中国铁道部和伊朗道路与交通部铁路合作谅解备忘录》（1996 年 5 月）；《中国农业部和伊朗农业部合作谅解备忘录》（1999 年 9 月）；《中国人民对外友协与伊朗伊中友协合作谅解备忘录》（2001 年 3 月）；《中华人民共和国政府和伊朗伊斯兰共和国政府航空运输协定》（2001 年 8 月）；《中华人民共和国政府和伊朗伊斯兰共和国政府关于植物保护和检疫合作协定》（2002 年 3 月）；《中华人民共和国政府和伊朗伊斯兰共和国政府商船海运协议》（2002 年 4 月）；《中华人民共和国信息产业部与伊朗伊斯兰共和国邮电部关于邮政电信信息技术合作谅解备忘录》（2002 年 4 月 20 日）；《中国国际贸易促进委员会与伊朗工商矿业商会关于成立伊中联合贸易理事会的协定》（2002 年 4 月）；《中华全国供销合作总社同伊朗合作社部

① 国际贸易投资网对中伊双边协定的总结：http：//www. china－ofdi. org/ourService/0/937。

合作谅解备忘录》（2005 年 4 月 10 日）；《中国国家质量监督检验检疫总局与伊朗标准与工业研究院合作谅解备忘录》（2011 年 12 月 23 日）；《中华人民共和国商务部与伊朗伊斯兰共和国工业、矿业和贸易部关于开展中伊产业园区合作的谅解备忘录》（2014 年 2 月）；《中华人民共和国商务部与伊朗伊斯兰共和国工业、矿业和贸易部关于展开合作的谅解备忘录》（2014 年 2 月）；《中华人民共和国商务部与伊朗伊斯兰共和国工业、矿业和贸易部关于电子商务合作的谅解备忘录》（2014 年 2 月）；《中华人民共和国和伊朗伊斯兰共和国关于刑事司法协助的条约》（2016 年 1 月）；《中华人民共和国和伊朗伊斯兰共和国关于民事和商事司法协助的条约》（2016 年 1 月）；《中华人民共和国科技部和伊朗伊斯兰共和国总统科技办公室关于科技园区合作的谅解备忘录》（2016 年 1 月）；《中华人民共和国政府和伊朗伊斯兰共和国政府应对气候变化物资赠送的谅解备忘录》（2016 年 1 月）；《中华人民共和国国家发展和改革委员会与伊朗伊斯兰共和国工业、矿业和贸易部关于加强工业、矿业产能与投资合作的谅解备忘录》（2016 年 1 月）；《中国进出口银行与伊朗道路与城市发展部关于德黑兰 - 马什哈德高铁电气化升级改造项目融资的谅解备忘录》（2016 年 1 月）；《中华人民共和国政府和伊朗伊斯兰共和国政府 2016 年至 2019 年文化与教育交流执行计划》（2016 年 1 月）；《中华人民共和国监察部与伊朗伊斯兰共和国国家监察组织谅解备忘录》（2016 年 1 月）；《中华人民共和国商务部和伊朗伊斯兰共和国经济事务和财政部关于加强两国投资领域合作的谅解备忘录》（2016 年 1 月）；《中华人民共和国商务部和伊朗伊斯兰共和国经济事务和财政部关于人力资源开发合作谅解备忘录》（2016 年 1 月）；《中华人民共和国海关总署与伊朗伊斯兰共和国海关总署关于执行双方政府间海关合作协定的战略合作安排》（2016 年 1 月）；《中国科学院和伊朗总统科技办公室关于设立丝绸之路科学合作基金的谅解备忘录》（2016 年 1 月）；

《中华人民共和国国家新闻办公室和伊朗伊斯兰共和国伊斯兰文化指导部友好交流与合作谅解备忘录》（2016 年 1 月）；《中国（广东）自由贸易试验区和伊朗格什姆自由贸易园区关于促进合作关系的谅解备忘录》（2016 年 1 月）。

三、伊朗与中国共同参加的主要国际公约

（一）伊朗与中国共同参加的主要国际公约

1.《纽约公约》[①]。伊朗和中国均是 1958 年《承认和执行外国仲裁裁决纽约公约》（以下简称《纽约公约》）的签署国。《纽约公约》是与国际商事仲裁相关的一个重要公约，其为国际经济贸易发展的利益促进商事纠纷的解决、便利仲裁裁决在世界范围内的强制执行。公约第 1 条第 1 款说明了设立公约的目的："仲裁裁决，因自然人或法人间之争议而产生且在声明承认及执行地所在国以外之国家领土内作出者，其承认及执行适用本公约。本公约对于仲裁裁决经申请承认及执行地所在国认为非内国裁决者，亦适用之。"相对 1927 年《日内瓦公约》而言，《纽约公约》为外国仲裁裁决的承认和执行提供了更加简单和有效的途径。《纽约公约》的基本出发点是鼓励缔约国承认和执行外国仲裁裁决。其第 3 条规定，缔约国应承认仲裁裁决具有约束力。公约没有从正面规定承认和执行的条件，只规定了可以拒绝承认和执行的几点具体理由，从而限制缔约国以任意解释公约或拒绝承认和执行仲裁裁决。[②]

---

① 《纽约公约》：http：//www. newyorkconvention. org/11165/web/files/original/1/5/15432. pdf；http：//www. newyorkconvention. org/11165/web/files/original/1/5/15446. pdf。

② 李增辉：《纽约公约特点及其法律框架》，2003 年，http：//www. wangxiao. cn/lunwen/5241966858. html。

特别提示：《纽约公约》在伊朗适用仍然存在很多限制。《宪法》第139条规定，如果仲裁标的涉及公共和政府财产，则必须取得特定批准；伊朗仅承认和执行在《纽约公约》缔约国领土内作出的仲裁裁决；《纽约公约》的适用局限于伊朗法律下的商业法律关系引起的纠纷。

2. 世界知识产权组织管理的条约。中国和伊朗分别于1980年和2002年加入世界知识产权组织（WIPO）。根据世界知识产权组织管理的条约统计表，中国已加入其中14项、伊朗已加入其中7项，在此针对中伊共同加入的国际公约予以列举和介绍[①]：

（1）《建立世界知识产权组织公约》[②]。《建立世界知识产权组织公约》于1967年7月14日在斯德哥尔摩签订，1970年生效，并于1979年作出修订。该公约主要就建立世界知识产权组织相关问题进行了规定，包括该组织的宗旨、职权、组织机构、总部及财务问题等。该公约设立了三个主要机关：世界知识产权组织大会、世界知识产权组织成员国会议和世界知识产权组织协调委员会。

公约将"知识产权"定义为"包括有关下列项目的权利：文学、艺术和科学作品，表演家的演出、录音和广播，人们在一切领域的发明，科学发现，工业设计，商标、服务商标、厂商名称和标记，制止不正当竞争，以及在工业、科学、文学或艺术领域里的一切来自知识活动的权利"。此外公约规定不允许对该公约有保留。

（2）《保护工业产权巴黎公约》（以下简称《巴黎公约》）[③]。《巴黎公约》于1883年缔结，随后经过多次修订，截至目前最

① WIPO官方网站总结：http://www.wipo.int/treaties/en/summary.jsp。

② 《建立世界知识产权组织公约》：http://www.wipo.int/wipolex/zh/treaties/text.jsp?file_id=295157；http://www.wipo.int/wipolex/zh/treaties/text.jsp?file_id=295161。

③ 《保护工业产权巴黎公约》：http://www.wipo.int/wipolex/zh/treaties/text.jsp?file_id=287556；http://www.wipo.int/wipolex/zh/treaties/text.jsp?file_id=287559。

后一次修订于1979年10月2日。该公约适用于最广义的工业产权，包括专利、商标、工业品外观设计、实用新型某些国家法律规定的一种“小专利”、服务商标、厂商名称（工商业用以开展活动的名称）、地理标志（产地标记和原产地名称）以及制止不正当竞争。

该公约的实质性条款包括：在保护工业产权方面，每一缔约国必须把它给予本国国民的同样的保护给予其他缔约国的国民；对专利（和实用新型，如有的话）、商标及工业品外观设计的优先权；所有缔约国在专利、商标、工业品外观设计、厂商名称、产品标记、不正当竞争等方面均须遵守的共同规则。

从公约条款来看，该公约包含以下基本原则：国民待遇原则、优先权原则、独立性原则、强制许可专利原则以及展览产品的临时保护。

（3）《专利合作条约》[①]。《专利合作条约》于1970年缔结，随后经过多次修订，截至目前最后一次修正是在2001年10月3日。通过该公约，可以只提交一份国际专利申请即在许多国家中的每一国家同时为一项发明申请专利保护。自采用《巴黎公约》以来，它被认为是该领域进行国际合作最具有意义的进步标志。该条约详细规定了国际申请均须符合的形式要求。但是该条约并不对国际专利授权，其只为专利授权决定提供强有力的依据。

（4）《商标国际注册马德里协定》[②]和《商标国际注册马德里协定有关议定书》[③]。商标国际注册马德里体系是指《商标国际注册马德里协定》（于1891年签订，经过多次修订，截至目

① 《专利合作条约》：http：//www. wipo. int/wipolex/zh/treaties/text. jsp？file_id = 288637；http：//www. wipo. int/wipolex/zh/treaties/text. jsp？file_id = 323636。

② 《商标国际注册马德里协定》：http：//www. wipo. int/wipolex/zh/treaties/text. jsp？file_id = 283529；http：//www. wipo. int/wipolex/zh/treaties/text. jsp？file_id = 283528。

③ 《商标国际注册马德里协定有关议定书》：http：//www. wipo. int/wipolex/zh/treaties/text. jsp？file_id = 283483；http：//www. wipo. int/wipolex/zh/treaties/text. jsp？file_id = 283466。

前最后一次修正于 1979 年）和《商标国际注册马德里协定有关议定书》（于 1989 年签订，旨在让马德里体系更加灵活，并与尚无法加入本协定的某些国家或政府间组织的国内法更加协调）。

马德里体系对商标所有人提供了诸多好处。取得国际注册，只需（通过本国的主管局）以一种语言（英语或法语），向国际局提交一项申请，并缴纳一套规费即可。

（5）《多边投资担保机构公约》①。中国和伊朗都是多边投资担保机构的会员国。1988 年，根据《多边投资担保机构公约》成立了多边投资担保机构（Multilateral Investment Guarantee Agency，MIGA）。该机构是世界银行为促进外国资本直接向发展中国家投资而设立的机构。为实现其宗旨，多边投资担保机构向私有行业投资者和贷款方提供政治风险担保。该机构承保的是非商业性风险，同时也帮助投资者以更好的财务条件获得融资来源。该机构向成员国政府提供投资促进服务，加强成员国吸引外资的能力，从而推动外商直接投资流入发展中国家。

《多边投资担保机构公约》规定，机构所承保的必须是合格的投资。机构承保险别包括货币汇兑、征收和类似的措施、违约、战争和内乱以及其他非商业性风险。

（二）伊朗尚未参与的重要国际公约或国际组织

1. 世界贸易组织。作为当代最重要的国际经济组织之一，世界贸易组织（World Trade Organization，WTO）目前有 164 个成员（包括中国）。但伊朗目前尚未加入该组织，其曾于 1996 年提出了入世申请，于 2005 年获得观察员身份。

① 《多边投资担保机构公约》：https：//www. miga. org/Documents/MIGA% 20Convention% 20February% 202016. pdf；https：//baike. baidu. com/item/% E5% A4% 9A% E8% BE% B9% E6% 8A% 95% E8% B5% 84% E6% 8B% 85% E4% BF% 9D% E6% 9C% BA% E6% 9E% 84% E5% 85% AC% E7% BA% A6/7110517？fr = aladdin。

2. 《联合国国际货物销售合同公约》[①]。《联合国国际货物销售合同公约》于1980年4月11日通过并于1988年1月1日生效。该公约被视为国际贸易法核心公约之一，为国际货物销售提供了现代、统一的法规，适用于在缔约国有营业地的当事方之间订立了货物销售合同的情形。截至目前，已有87个国家加入了该公约（包括中国），但伊朗尚未加入该公约。

3. 《解决国家与他国国民间投资争端公约》（以下简称《ICSID公约》）[②]。《ICSID公约》于1965年3月18日在华盛顿开放签字，1966年10月14日生效，又称为华盛顿公约。其宗旨是依照本公约的规定为各缔约国和其他缔约国的国民之间的投资争端，提供调停和仲裁的便利。

目前，该公约有161个成员国（其中包括中国）。另外，尽管伊朗逐渐改善其国内的外资投资环境，由于伊朗的宪法和其他有关外资企业的法律规定对于在伊投资有较为严格的规定，伊朗加入《ICSID公约》面临许多技术性困难。目前，伊朗并未加入该公约。[③]

四、区域经济合作协定

伊朗已经缔结了60多个双边投资保护协定，其中有50多个

① 《联合国国际货物销售合同公约》：https：//www. uncitral. org/pdf/english/texts/sales/cisg/V1056997 – CISG – e – book. pdf；http：//www. mofcom. gov. cn/aarticle/zhongyts/ci/200207/20020700032134. html。

② 《ICSID公约》：https：//icsid. worldbank. org/en/Documents/icsiddocs/ICSID% 20Convention% 20 English. pdf#search = the% 20convention；http：//wiki. mbalib. com/zh – tw/% E3% 80% 8A% E5% 85% B3% E4% BA% 8E% E8% A7% A3% E5% 86% B3% E5% 9B% BD% E5% AE% B6% E4% B8% 8E% E5% 85% B6% E4% BB% 96% E5% 9B% BD% E5% AE% B6% E5% 9B% BD% E6% B0% 91% E4% B9% 8B% E9% 97% B4% E6% 8A% 95% E8% B5% 84% E4% BA% 89% E7% AB% AF% E5% 85% AC% E7% BA% A6% E3% 80% 8B。

③ 有关伊朗未加入该公约的分析：http：//knowledge. freshfields. com/en/global/r/1452/investing_in_iran_ – _protecting_investments_through。

双边投资保护协定目前已生效[①]。尽管伊朗与美国、英国等资本输出大国目前没有有效的双边投资协议，在其经济制裁解除后，新加坡、日本与伊朗签署了双边投资保护协定（尚未生效）[②]。

伊朗双边投资保护协定的具体内容因国而异，但总体来讲包括公平公正待遇权、充分的法律保护、最惠国待遇、国民待遇、优先适用条款、免征保护和资本自由汇回和转移保证。

多边投资协定方面，伊朗在 1981 年签订《伊斯兰会议组织成员国促进，保护和保障投资协定》（《伊斯兰合作组织投资协定》，OIC Investment Treaty）[③]。《伊斯兰合作组织投资协定》适用于广泛定义的成员国的国民（包括在该等国家注册的公司）在其他成员国进行的投资。它规定的保护措施包括免遭征用，以及在因国际敌对行动、内乱或其他暴力行为导致物理资产受到损害时进行赔偿。它也包含最惠国条款，这一条款可以被理解为使投资者能够依赖东道国订立的其他国际投资协议中的实质性规定。

此外，伊朗还签署了其他区域贸易协定，如 2004 年与巴基斯坦的优惠贸易协定[④]和 2003 年经济合作组织（ECO）之区域自由贸易协定（自 2008 年生效）[⑤]，其中国家包括阿富汗、阿塞拜疆、伊朗、哈萨克斯坦、吉尔吉斯共和国、巴基斯坦、塔吉克斯坦、土耳其、土库曼斯坦与乌兹别克斯坦。

---

① 伊朗双边投资协定总结表：http：//investmentpolicyhub. unctad. org/IIA/CountryBits/98#iiaInnerMenu。

② 伊朗投资进展：http：//knowledge. freshfields. com/en/global/r/1452/investing_in_iran_-_protecting_investments_through；http：//news. 10jqka. com. cn/20160229/c588199151. shtml；http：//www. mofcom. gov. cn/article/i/jyjl/j/201509/20150901105159. shtml。

③ 伊朗 OIC：http：//investmentpolicyhub. unctad. org/IIA/CountryOtherIias/98#iiaInnerMenu。

④ 巴基斯坦与伊朗的优惠贸易协定：http：//wits. worldbank. org/GPTAD/PDF/archive/Iran-Pakistan. pdf。

⑤ ECO 区域自由贸易协定：http：//wits. worldbank. org/GPTAD/PDF/archive/ECO. pdf。

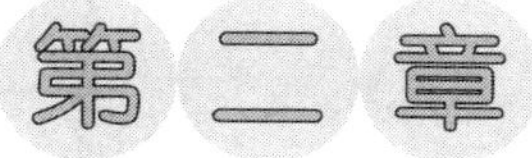

第二章

伊朗投资法律制度

第一节　伊朗投资法概述

一、伊朗投资立法

（一）伊朗投资法律体系

伊朗投资法体系由以下几方面构成：《宪法》，从原则上规定了伊朗经济体系（第 44 条）、禁止向外国人的特许（第 81 条）及政府纠纷的仲裁（第 139 条）；《社会、经济发展五年计划》，即政府对投资和公共基础设施项目投资的基本政策；《国家预算法》，规定政府预算和财政开支；依据《宪法》第 44 条制定的《关于私有化的基本政策》；《鼓励和保护外国投资法》，管辖外国投资者待遇和外商投资准入；《当地成分法》以及《外国人资本投资管理条例》等。

（二）伊朗《宪法》第44条下的经济政策

从经济和社会的角度来看，伊朗革命后《宪法》的起草，旨在发挥政府的积极作用，制定有利的宏观政策和微观支持计划，使社会各阶层能够发挥出创造财富的全部潜力。

在伊朗经济发生了重大转变之后，《宪法》在伊朗经济生活中的作用近年来已转化为新的形式。2004年，伊朗国家利益委员会对《宪法》第44条进行了重大的重新诠释，以明确私营企业在伊朗经济中将发挥重要作用，一些以前由国家主导的产业，例如石油、天然气和能源的下游产业、银行和保险、电力及其他原由国家主导的产业将向私营企业开放。

革命领袖阿里·哈梅内伊（Ayatollah Seyed Ali Khamenei）进一步强调对《宪法》的这种新的解释是要求将主要国有企业和工厂的80%的股份转让给私营企业，给私营企业注入一针强心剂；同时，下令行政机关、立法机关和司法部门以及伊朗国家利益委员会执行这一国家大计。

1.《宪法》第44条的规定。《宪法》第44条规定，伊朗的经济制度是建立在国营、合作经营和私营三种成分的基础上的计划经济。

（1）国营成分包括所有大工业、重工业、外贸、大矿业、银行、保险、劳动力、水坝、大型水利灌溉网、电台、电视台、邮电、航空、航运、公路、铁路等，这些都是公共财产，属国家所有；

（2）合作经营包括城乡中按伊斯兰原则建立的生产和分配的公司和合作企业；

（3）私营成分包括一部分农业、畜牧业、工业、商业和服务行业，这一成分是辅助国营和合作经营的经济成分。

只要符合《宪法》其他条款，不违背伊斯兰法律，有利于国家经济的发展，不损害社会，这三种经济成分均受伊斯兰共和国法律保护。

2. 《私有化法》。2008 年 1 月 28 日，伊朗议会通过了修改《第四个社会、经济发展五年计划》和《实施〈宪法〉第 44 条的一般性政策法》（简称《私有化法》）。该法于 2008 年 7 月 21 日开始施行。实施私有化战略的目的是为了促进实现加快经济增长，寻求社会正义，消除贫困，实现伊朗“20 年愿景计划”等重要目标。最高领袖也强调，政府不应再拥有或管理公司，而应该监督他们的活动，私营企业需要进一步获得支持、参与国际经济活动。

私有化法将包括生产，销售和采购商品和服务在内的经济活动分为三组。第一组和第二组下私有化战略涉及的产业包括：除伊朗国家石油公司和天然气和石油开采和生产公司外的涉及主要矿业和母工业（Mother Industry，包括主要下游石油和天然气行业）的国有实体；除伊朗中央银行，伊朗国家银行，伊朗赛帕银行，伊朗工矿银行，伊朗农业银行，伊朗住房银行和伊朗出口发展银行之外的银行；除伊朗中央保险公司和伊朗保险公司之外的保险公司；除伊朗民航组织和国家港口和航运组织之外的航空和航运公司；除主要输电网络之外的能源供应中心；除母电信（Mother Telecom）公司、相关事务和邮件服务管理之外的邮电公司；除国防和安全产品之外的武装力量附属行业。

第三组包括政府继续保持所有权和管理权的产业：母电信网；军事生产；伊朗国家石油公司（NIOC），石油、天然气勘探和生产；油气矿井；伊朗中央银行（The Central Bank of Iran），伊朗国民银行（Bank Mellat），伊朗国家银行（Bank Melli），工矿银行（Bank Sanat & Madan），伊朗出口发展银行（Bank Tose-e Saderat），伊朗农业银行（Bank Keshavarzi），伊朗住房银行（Bank Maskan）等；中央保险与伊朗保险公司；主配电系统；伊朗航空活动；伊朗港口和海事组织；大坝及配水系统；广播电视。

伊朗领袖还明确表示，私有化将在以下框架内实施：股票价格将在股票市场确定；发布公告，鼓励公众参与，防止垄断和内幕交易；股票定价必须符合商业法律法规；估值必须在转股之前进行；现有的管理能力需要在私有化公司雇用经验丰富，专业化和高效率的管理人员；政府致力于在制定和监督国家经济方面发挥新作用，而不是直接参与国家经济；部分私有化收益应被投资于高新技术产业。

伊朗领袖的公告还包括向私有化企业所涉及的经理和人员分期授予至少5%的国有公司股份。向私营部门出售国家持有的国有企业股份可通过国内外证券交易所或公开招标的方式进行。若政府公开招标两次后仍未卖出国有股份，政府可以在经过转让委员会批准后通过直接与私有机构谈判的方式出售政府持有的伊朗国有企业股份。外国人可以按照伊朗《鼓励和保护外国投资法》的规定购买股份。

（三）《宪法》第81条[①]

伊朗《宪法》第81条深刻影响了外国投资者对伊朗油气行业的投资，具体分析见本书后续章节。

（四）社会、经济发展五年计划

在1979年革命之前，伊朗经济规划就是通过五年发展计划进行的。这个习惯在革命后依然沿袭了下来，革命后的伊朗《宪法》第44条使“系统而健全的规划”成为国家的优先事项。

① 本节参考了魏雄：《伊朗〈宪法〉第81条对外国公司在伊朗经营的深刻影响》，载于《国际石油经济》2010年第12期。

《宪法》第 3 条还规定，国家有义务提供“全民参与决定其政治、经济、社会、文化命运”的平台。

当前，伊朗正在实施 2016 年至 2021 年的《第六个社会、经济发展五年计划》。伊朗国家管理与规划组织（MPO）与各政府部门协商，制定五年计划，并经过内阁、议会和监督委员会的审查，成为法律。计划的执行权被授予行政部门，每个行政机构都需提交年度执行情况报告及其预算分配申请。伊朗总统还需向议会提交年度进度报告，报告政府在每年截至 8 月之前的五年计划执行情况。

社会、经济发展五年计划为每个经济部门制定了详细的路线图和目标，以及在短期、中期和五年计划结束时需要达成的整体目标。每个五年计划都包含了年度支出目标、预算分配和数量结果和产出目标。由于这些目标具有指导性质，每年伊朗国家管理与规划组织在预算编制过程中都会对其进行修订。

（五）《鼓励和保护外国投资法》

1. 外国投资者的定义。《鼓励和保护外国投资法》（Foreign Investment Promotion & Protection Act）第 1 章第 1 条规定，外国投资者系指获得投资许可的非伊朗的自然人、法人或者使用国外资金来源的伊朗的自然人、法人。在伊朗投资的外国自然人与法人在伊拥有相同的投资地位。

2. 外国资本的定义。《鼓励和保护外国投资法》第 1 章第 1 条规定，外国资本是由外国投资者引进伊朗的各种现金或非现金资本，包括：通过银行系统或其他渠道并经伊朗中央银行认可进入伊朗的可兑换外汇；机械、设备；仪器、零配件、散装件、原材料、添加材料、辅助材料；专利权、专用技术、品牌、商标、专业化服务；外国投资者可以转让的股息；内阁批准的其他内容。

3. 外国投资方式。《鼓励和保护外国投资法》规定了对私营部门开放的活动领域的外国直接投资和在合伙、回购和建设—经营—转让协议（BOT）框架内的所有部门的外国投资。因此，两种类型的权益和债务投资均获得授权。通过外国投资者收购现有公司的股份或通过设立全资拥有的伊朗公司进行投资业务，可以进行股权投资或直接投资。

4. 外国直接投资（FDI）。伊朗法律允许外资在伊设立代表处、分公司、子公司和有限责任公司，外国投资者可以现汇、设备和技术等形式投资，可与伊朗公司采取合资、合作的方式，也可通过收购伊朗公司和独资的形式进行投资。

5. 外国直接投资（FDI）持股比例限制。伊朗《鼓励和保护外国投资法》中明确规定，允许外国投资方在获得许可的伊朗私人经营领域直接投资，对外国投资不再设 49% 百分比的封顶限制（原《公司注册法》规定，外资参股伊朗公司或成立新公司，所占股份不得超过 49%，且不享受任何优惠政策）。

在伊朗《石油法》《矿产法》等特别法律规定中，对资源开发经营型企业有外资控股比例不超过 50% 的要求。但在实践中上述行业中的外资股比例设定需根据伊朗投资和经济技术支持组织的审批而定。

特别提示：外国投资者并没有法律上的义务与当地伙伴合作。但在大多数情况下，外国投资者本身愿意与当地伙伴合作，因为他们更熟悉商业环境，法规和行政管理要求以及当地可获得的机会。

6. 以“建设—运营—转让（BOT）”、“回购”、“国民参与”等方式投资。伊朗《鼓励和保护外国投资法》下允许外资直接投资到对私营部门开放的领域，或是以国民参与、BOT 方式投资到其他部门。BOT 方式所提到的外资及其产生的利润只要未被偿还，外国投资者即有权在接受外资的部门对剩余资金行使所有权。如果法律或政府的决定导致禁止或停止执行本法已同意的财政协议，所引起的损失将由政府偿还，但最多不超过到期的分期付款额。

鉴于伊朗长期受国际制裁的影响，实践中，很少有外国公司以 BOT 方式投资承建伊朗的大型基础设施项目。中伊经贸合作过程中也没有 BOT 建设项目的先例。伊朗是中国第二大海外工程承包市场。目前，中国公司在伊朗主要是以工程总承包 EPC 或 EPCF 的方式，参与伊朗的大型工程项目建设。

7. 对油气行业的投资。在伊朗政府批准的合同安排的框架内对石油和天然气上游活动的外国投资是允许的，但不允许外商对这些领域进行直接投资。

（六）伊朗的自贸区、经济特区和小产业和产业园组织工业园区

伊朗目前主要有自由贸易—工业区（Free Trade - Industrial Zone，“自贸区”）、特别经济区（Special Economic Zone，“经济特区”）、小产业和产业园组织工业园区（ISIPO）三种特殊经济区域。

自贸区和经济特区的行政管理法规分别于 1993 年和 2005 年开始实行，包含了有关在自贸区和经济特区进行商业活动的各项法规。自贸区和经济特区为投资者提供了多种多样的经济和规定性自由（其中自贸区自由度更大）并处于国家海关体制之外。因此，在自贸区开展对外进出口贸易不必承担海关义务。此外，从自贸区进入伊朗内陆的商品在一定条件下也不必承担海关义务。

1. 自贸区。伊朗共有 7 个自贸区，具体是：基什（Kish）、凯什姆（Qeshm）、恰巴哈尔（Chabahar）、阿瑞斯（Aras）、安扎里（Anzali）、阿方德（Arvand）和马库（Maku）。

自贸区优惠政策[1]包括：落户时起20年免税；外资占法人股比不受限制；资本和利润进出自由、外币转移不受限制；保护外资利益；免签证并发放外籍员工居住证，允许外商长期租赁土地；雇佣、劳工和社保制度更加灵活；出口部分产品至区外免税；从第三国进口或出口商品到第三国免税；协助提供各熟练工程并协助进行员工培训；在利用钢铁、石油和天然气作为原燃料方面提供支持；允许外国银行在自由贸易区内设立分支机构。

2. 经济特区。继设立自贸区后，伊朗政府自2000年起在全国各地设立经济特区，许多经济特区会以特定行业为重点，如石化、航运、矿产和能源。全国共设立23个经济特区，各经济特区的优惠政策根据所处区域以及产业定位各有不同。主要的经济特区有：帕斯（Pars），重点产业为石油、天然气和石化工业；设拉子（Shiraz），重点产业为电动和电子产品；亚兹德（Yazd），重点产业为纺织和建筑材料[2]。

3. 小产业和产业园组织工业区（ISIPO）。根据2016年8月伊朗小产业与产业园组织官方介绍，伊朗小产业和产业园组织工业区数量已超1 000个，其中800多个已经建成（工人人数小于50的为小企业，小于100人的为中等规模企业）。小产业和产业园组织主要为企业（特别是中小企业）提供基础设施和所需要的服务，为投资企业提供便利和优势政策。小产业和产业园组织对外国投资规模和出资比重没有限制，资本、利润和收益转移便利，外国投资者享受本土投资者的平等待遇。

（七）外国投资者当地成分立法

和许多发展中国家一样，伊朗制定了保护当地产业的法律。

---

① 中国商务部资讯：http：//www. mofcom. gov. cn/aarticle/i/jyjl/j/201107/20110707668500. html；http：//www. mofcom. gov. cn/article/i/jyjl/j/201507/20150701065943. shtml；中国贸易金融网资讯：http：//www. sinotf. com/GB/Trade_Finance/1181/2017 -01 -16/2NMDAwMDIxODY2NQ. html。

② 中国贸易金融网资讯：http：//www. sinotf. com/GB/Trade_Finance/1181/2017 -01 -16/2NMDAwMDIxODY2NQ. html。

1997年颁布《国家技术、工程、生产、工业和行政能力最大限度利用法》，2012年又颁布《最大限度利用本地商品和服务法》（以下简称《当地成分法》），强化了对当地成分的要求。《当地成分法》明确了关于当地成分标准，适用范围涵盖广泛的实体，包括：政府部门、组织、机构、国有企业和公司；银行、机构和非国家公共机构；公共机构和上市公司、基金会和伊斯兰革命机构及所有由具体法律管理的组织机构与单位，包括伊朗国家石油公司、伊朗国家天然气公司、国家石油化工公司、国家航空公司、国家广播公司、伊朗钢铁公司、伊朗铜业公司及其子公司。

1997年《国家技术、工程、生产、工业和行政能力最大限度利用法》禁止政府实体从国外供应商采购工程建设服务。国内项目实施能力不足的情况下，允许国内外企业之间以合作关系开展项目，前提是国内供应商应占项目总价值51%以上的份额。中标人还需要从国内生产商和供应商采购相关项目所需的所有产品和服务。经济理事会根据管理和规划组织的建议，可以授权从上述要求中减损。

2012年《当地成分法》重述此前的1997年关于当地成分的规定，继续要求伊朗国有实体在任何时候均优先使用国内商品和服务提供商。

二、伊朗国家产业发展目标及政策

（一）五年计划下的经济政策

1989年是伊朗伊斯兰革命的10周年，长达8年之久的两伊战争刚刚结束，伊朗经济疮痍满目，百废待兴，石油产量从1979年的1.7亿吨降至1.4亿吨。就在这一年，伊朗领袖霍梅尼去世，更为温和的哈梅内伊出任精神领袖，更注重实用的拉夫桑贾尼当选总统。在这样的背景下，伊朗于 1989 年 3 月至 1994 年 3 月实施了《第一个社会、经济发展五年计划》。自 1989 年起至今，伊朗共制定了六个五年计划。

2017 年 3 月 19 日，伊朗议会通过了《第六个社会、经济发展五年计划》。该计划确定了该国在未来五年要实现的方针和目标。与之前计划的显著不同的是，第六个五年计划不太重视硬性指标的实现，而是旨在为伊朗政府提供指导性方针，以处理国家面临的一些不足与缺陷。

第六个五年计划规定各部门的主要方针和目标如下：

融资与投资部门：政府提供必要的经济、法律和政策指示，以保证信息的透明度和清晰度，确保伊朗仍然是有吸引力的外国投资目的地，并成为该地区第三大外国投资吸引地。政府特别强调以项目融资（特别是伊斯兰金融）的形式吸引 300 亿美元，以外国直接投资形式吸引 150 亿美元，以联合投资协议形式吸引 200 亿美元。

银行部门：在伊朗宪法和有关规定的框架内，政府将鼓励国内外金融机构和信贷机构之间的伙伴关系。

政府担保：政府被授权向伊朗私营项目和符合经济理由、技术可行性、经济高级委员会批准等一些要求的外商投资作出担保。这符合伊朗部长理事会授权经济事务和财经部部长于 2017 年 2 月发布的为某些符合条件的项目发放主权担保的最新法令。

法律部门：经济和金融部需要与其他部门密切合作，确保现行法律的明确性，以提供稳定的投资环境。财经部部长必须向伊朗议会提交关于吸引外国投资到伊朗的进展情况的年度报告。

电力部门：能源部在这一发展规划中，应着眼于通过国内和国际金融资助的各种 PPP 模式（如 BOO 或 BOT 等）增加 25 000MW的国家发电量。经济高级委员会要为这些项目所产生的能源的购买价格提供必要的保证。

旅游部门：政府提供必要的支持，为伊朗境内旅游业的发展提供经济激励，以加强旅游业，特别是增加宗教游客人数。

在吸引外商重大投资的过程中，有迹象表明政府已经准备好听取某些市场在担保、争议解决、执行外国仲裁裁决、透明度和资金转移等问题上的重大意见。政府希望通过颁布新的指示和法令，为所有参与者创造共赢的环境。

（二）伊朗相关行业政策

在伊朗产业发展受制裁影响的背景下，伊朗政府认为，未来预算来源应该增加非石油的收入，特别是税收的比例。因此，目前伊朗优先推动产业多元化及减少对石油的依赖。

根据伊朗贸易推广组织资料，伊朗大力发展的产业有：农畜渔业、食品饮料、纺织皮革、建材、化学、塑胶、钢铁、石化、制药化妆品、车辆、矿产、手工艺、地毯等产业。综合上述，除了石化相关产业外，我国厂商可把握包括通讯产品、汽车零组件、塑胶机械、一般机械、太阳能等产业的商机。

1. 石化行业。伊朗第六个五年计划也将石化产业作为重点发展的支柱产业。伊朗计划在未来两年将其石化产值增加 30% 至 220 亿美元；计划在十年内将全国石化产品产能增至 1.8 亿吨。

2. 钢铁行业。伊朗拟于 2016 ~ 2020 年加大钢铁工业的改造和建设力度，在满足国内需要的同时，向周边市场大量出口钢铁产品。

3. 汽车行业。伊朗工矿贸易部多次表态将继续支持汽车产业发展。汽车龙头企业董事长或总经理多为工矿贸易部高级官员，在税收、技术引进、投资合作以及贷款方式方面有能力影响政府给以优惠政策及支持。

4. 可再生能源。在伊朗的第六个五年计划中，政府拟将可再生能源发电量占总发电量的比例从目前的 0.2% 提高到 10%，因此预计未来几年内伊朗的可再生能源发电会有比较大的发展。

5. 农业。伊朗主要通过经济区的方式向各地区及产业提供优惠政策，多数经济区对农业生产及农产品加工业提供了从10年期到永久免税不等的税收减免优惠政策。2014年5月14日，伊朗农业圣战部与中国农业部正式签订了中伊农业合作备忘录。根据备忘录双方将加强在蔬菜、水果、其他农产品、农业机械化和种植新技术等领域的合作。

三、伊朗的外资市场准入

（一）外资准入条件

根据伊朗《鼓励和保护外国投资法》的规定，在工矿业、农业和服务行业进行建设和生产活动的外国资本的准入，必须同时符合伊朗其他现行法律、法规的要求，并符合下列条件：有利于经济的增长、技术的发展、产品质量的提高、就业机会的增加和出口的增长及国际市场开发；不得危害国家安全和公共利益、破坏生态环境、扰乱国民经济及阻碍国内投资产业的发展；外资提供的生产性服务和生产的产品价值的比例不应超过外资在获取投资许可时国内经济部门提供的生产性服务和生产的产品价值的25%。

（二）外资禁止或限制投资的领域

伊朗《鼓励和保护外国投资法》不允许以外国投资者的名义拥有任何种类、数量的土地。此外，2015年8月，伊朗石油部表示，重返伊朗市场的外国石油企业必须通过与伊朗本国企业合资方式进行，合资成立的新企业不仅应经营伊朗本国市场，而且应对周边国家具有辐射性。

（三）一般国民待遇原则

伊朗《鼓励和保护外国投资法》及其《实施细则》中规定了外国投资者与伊朗国内投资者享有同等待遇的一般国民待遇原则。但实践中，因缺乏统一完善的配套实施规定，使得外资企业本应享有的许多正当权益得不到保障。例如，伊朗税务部门统一适用《直接税法》对外资企业中的伊朗籍与外籍员工征收所得税。但在核定税基时，伊朗税务官通常将外籍普通管理人员的月收入核定到3 000 ~4 000 美元并适用差别税率，使得同类工种外籍员工的税负大大高于伊朗籍员工。在雇员本地化限制方面，伊朗劳工部门要求外资企业雇佣本地员工的比例很高，且要为本地员工缴纳各类社会保险。这些都给外资企业正常经营增加了不合理负担。再如，在水、电、气等公共资源服务方面，伊朗国内的《电力法》《供水保障条例》等公共服务保障法律体系不健全，许多地区难以做到“供应稳定、价格合理、监管到位”。这给生产型外资企业的正常经营带来很大风险。在市场竞争法方面，伊朗国内市场尚无较成熟的《反不正当竞争法》《反垄断法》等规制。长远看来，外资企业在伊经营势必会遭遇此类法律问题。

第二节　伊朗投资的监管与审批

一、伊朗投资管理部门

（一）财经部

伊朗财经部是伊朗投资主要管理部门，其职责主要包括：制定国家经济金融政策并进行必要执行协调；贯彻伊朗与其他国家签署的税收政策，准备和实施联合投资计划和联合经济合作协议等；提出外国投资项目的建议，并采取必要措施为伊朗海外投资铺路，为在伊朗伊斯兰共和国的外国投资打下基础；监督伊朗私营部门的经济和金融活动，更好地实施国家的经济和发展规划；履行关于货币、银行、保险和外汇事务方面的职责；监督直接税、间接税和关税的征收；编制政府年度预算并监督执行；根据年度预算案确定的来源获取政府收入，管理行政机关使用的政府财产和资产；监督与其他国家进行易货交易的进出口贸易合同和贸易协定，制定有关海关豁免和禁止的规定；向其他国家和国际机构提供贷款和金融服务，并采取必要措施利用外国财政资源和贷款；为发放给政府的贷款和其他类型的金融服务提供担保等。

（二）投资和经济技术协助组织及外国投资委员会

《鼓励和保护外国投资法》第5条规定，伊朗投资和经济技术协助组织是伊朗唯一的管理外国在伊朗投资、审批与外国投资有关事务的官方机构。外国投资者有关投资许可、资本进入、项目选择、资本利用、资本撤出等事项的申请都必须向该组织提出。

该组织整体活动的一个重要领域集中在与国际金融和信贷机构以及出口信贷机构（ECA）、世行组织、伊斯兰开发银行（IDB）、欧佩克发展基金和其他国际组织的联系上。该组织还负责就政府和国有企业签订贷款和信贷协议进行谈判，并代表财经部确定付款担保金额。

《鼓励和保护外国投资法》规定，目前伊朗所有外国投资行为须由伊朗投资和经济技术支持组织归结并提交外国投资委员会进行审查和批准。但实践中，各自由贸易—工业区、特别经济区、小产业和产业园组织管理委员会亦拥有外资审批权。

（三）外资服务中心

《鼓励和保护外国投资法》第 7 条规定，投资、经济和科技促进局下设外资服务中心，负责外资管理和协调工作。该中心旨在提供一个有效组织，精简和加快与伊朗境内外国投资事业有关的事务。

《鼓励和保护外国投资法》第 20 条规定，外资服务中心的主要职责是：向外国投资者提供信息服务；在签发投资许可证前，协调办理开业、环保、水、电、气及通信接入、矿产开发等相关许可证；协调办理外资企业人员签证、居住证和工作证；协调办理公司注册、进出口、投资收回和退税等相关许可证；协调各相关行政主管部门关系；监督投资效果。

投资特殊行业可能需要获得特别行业主管部门的审批。投资特殊地区可能需要获得自贸区和地方政府的批准。

二、外国投资许可证

（一）办理程序

《鼓励和保护外国投资法》规定的投资许可申请受理机构是伊朗投资经济与技术支持组织。该组织收到投资者的完整申请后，应在十五天内对申请进行初步研究并将意见提交外国投资委员会，外国投资委员会应在一个月内书面通知审批结果。外国投资委员会是投资许可程序中的最高权力机构。外国投资委员会的成员是政府中负责政策制定和执行的核心机构的代表。外国投资委员会对每一投资申请的决议必须通知申请人。外国投资者书面确认投资许可证所载内容可以接受后，由财经部部长正式签发投资许可证。

申请材料[①]包括：申请表；在伊朗建立机构的设立许可证/主要协议/初步协议；外国投资者向伊朗投资经济和技术协助组织提交的正式函件；外国投资者背景，包括公司历史简介、成立日期、业务范围（如果外国投资者是自然人，则需提供其护照和简历的复印件）；可能作为外国投资者资本的一部分进入伊朗国内的机械和设备的清单（如有）；如果部分外国投资者以专业技术或商业秘密出资，则需提供概述了技术转让条件的合同草案；任何其他有用信息。

（二）许可证的内容

外国投资许可证通常包含投资项目的关键和主要特征，以及投资人在被批准的投资项目下的权利和承诺。具体内容有：投资者的名称、投资项目或投资公司、直接投资所需的持股比例、伊朗当地投资者的名称、外国投资者的总资本输入额、外国投资者对权益股本的贡献和可能提供的融资机制；承认外国投资者转移利润、偿还贷款，支付技术协议转让费（特许权使用费）以及汇回资本的权利（汇回资本可通过出售股份或清算所得、贷款所得的本金和利润、利息或其他在投资项目范围内的外汇转移方式进行）；资本投入或首期款项投入的截止期限；其他外国投资委员会认为需要加入或应投资者要求加入的必要内容。

特别提示：虽然许多行业的外国投资许可证并不是绝对必要，但投资者宜尽可能申办外国投资许可证，因为《鼓励和保护外国投资法》向拥有许可的外国投资者提供了一些额外的优惠，如税收优惠等。

---

① 伊朗投资网站介绍：http：//www. investiniran. ir/en/investmentguide/procedure 及伊朗投资指南。

三、伊朗投资需办理的其他许可证

一般而言，伊朗法律体制对公司没有过多的许可要求，大多经营活动不需要取得特定许可证。但是，特定业务可能需取得以下许可证：

1. 商业卡（Commercial Card）：一种普通贸易许可证，由伊朗商业、工业和矿业商会签发，拟从事进出口业务的所有实体均必须取得此许可证；

2. 协会许可证（Guild Licence）：从事受协会工会管辖的业务必须取得协会许可证，例如商店和专业服务；

3. 作业许可证（Establishment Followed By Operations Licence）：制造业公司必须取得此类许可证；

4. 勘探作业许可证（Exploration Followed By Operations Licence）：采矿业公司必须取得此类许可证；

5. 在卫生部进行产品注册：进行食品、饮料及药品和健康产品进口的人员必须进行产品注册。

从总体上来说，外国投资者在伊朗申请各类许可并不困难。大部分许可都实行网上申请，之后由政府相关部门审批。但需要注意的是，许可申请和材料提交的语言均为波斯语。

第三节　伊朗投资的法律风险与防范

一、投资环境法律风险与防范

（一）面临的风险

由于伊朗是受制裁国家，外国投资者在该国的投资行为受到多方制裁法案的限制和约束，投资者面临着多元和复杂多变的法律适用环境。伊朗地区重大项目适用的特许合同（如石油合同）条件苛严，条款中固有的法律风险较大，且制裁因素给合同的执行造成了很多障碍，有些重大风险甚至直接决定合同的执行策略。

此外，法律风险也具有分布的广泛性和发生机制的多样性，并且在一定条件下与其他风险具有伴生性和转化性。由于地缘政治利益角逐，政治和商业风险会以法律风险的形式予以体现，比如市场准入、财税政策的变化最终会以法律条文的方式明确。

（二）防范措施

中国企业在伊朗投资，法律风险防控的关键在于结合企业管理实际，立足资源国法律和合同规定，构建完备的法律风险管理体系。

1. 构建资源国法律变化的监测机制。建立法律风险管理体系，首先要对资源国法律环境进行及时有效的监测。充分了解相关法律，包括投资目标国的法律政策、中国对外投资的法律法规以及相关的国际条约。通过与资源国地区公司、当地顾问加强沟通和联系，及时掌握伊朗外资准入制度、公司法律框架、税务体制、劳动法律制度、环保要求、外汇管制要求的更新动态。

2. 加大项目开发运营中的法律参与深度，建立源头管理。对外投资重大项目中，法律因素对项目决策和运作至关重要，需强化法律参与项目决策和运作的机制，努力从源头上防范和控制法律风险。法律风险管理体系建设要关注法律风险与其他风险的关联和传递关系，强调法律风险的管理要与其特点和发生机制结合，进行源头管理，实现管理的最佳效益。

3. 提升合同法律风险识别机制，系统开展法律风险评估。

围绕合同开展法律风险评估时，首先从合同的业务价值实现模式分析入手，充分剖析其影响投资项目目标实现的关键要素；其次是结合合同框架条款，分解分析关键合同事项承载的业务管理法律风险。要坚持法律风险防控与项目实际的合同模式及当地法律紧密结合。

二、投资模式风险与防范

（一）面临的风险

中国企业（尤其是能源类企业）的伊朗投资模式可以概括为以大型国有或国有控股重点企业为前锋的国家战略主导投资模式。因为我国企业在伊朗进行的投资活动借助政府推动，注重国家的宏观利益，着眼于为国家经济的可持续发展而向海外资源的勘探开发、生产运输等行业进行投资。这种投资模式具有前期资金注入巨大、投资回收期长、投资综合风险较大的特点，且受伊朗政治经济环境以及中国政府海外投资项目政策变化影响较大。

此外，在伊朗的项目投资往往涉及众多利害关系方，一般要经历复杂的考察和谈判过程。投资者需要与政府或国有企业、项目融资方、项目承包商与分包商、原料供应商、运营商、产品或服务的购买方、保险公司、其他专业机构等众多项目参与方协调关系，以促进项目投资顺利开展。同时，为了保证投资项目的实施及运营，可能需要借助专业机构的支持，例如，律师事务所、会计师事务所或其他专业技术机构等，因此，贯穿于项目投资过程始终的复杂性对中国企业在走出去过程中的管理和协调能力以及应对突发情况的能力提出了更高的要求和挑战。

（二）防范措施

中国投资者需要格外关注伊朗的政治经济环境，以及伊朗政府对于海外投资项目的政策和态度变化；对投资项目进行充分的尽职调查和合理估值，确保投资风险介于可控范围内。由于项目投资涉及复杂的主体，因此，做好项目管理与协调，与所有利害关系方谈判并订立周详的合同文本，为项目可能出现的风险设置处理机制至关重要。

此外，应确保法律人员广泛参与前期重大决策、项目投资尽职调查、合同谈判、日常经营中法律咨询和事后危机处理。法律管理贯穿公司治理、经营管理各个环节，客观上也需要法律风险管理体现全业务全流程全员管理的理念，即需要横向和纵向协同，才能更好地将风险关口前移，保障海外投资安全。

三、项目用地风险与防范

（一）面临的风险

伊朗有比较独特的城乡规划制度，其工业园区的设立由全国建筑和城市规划最高理事会统一规划，由各省的工业园区公司分别运营和管理。在工业园区内获得土地使用权申请程序简单、租金相对低廉且获政府支持、投资风险相对较小。由于工业园区是预先规划的，为吸引外国投资而建立，因此一旦获得其中的土地使用权后，在租赁期限内被撤销或者征收的可能性很小。但由于工业园区相对较小，且主要适合中小企业，因此不适宜于大型项目的投资建设。在工业园区之外获得土地使用权，投资者可以选择土地的位置，适宜于大型复杂的投资工程。但程序相对复杂，特别是要经过多个部门和多级机关的审批。同时，在园区外申请土地使用权所受的法律约束相对更多，包括各类环保法律、市政法律、城市规划法律等。

此外，项目用地本身也存在较大的法律风险。国际投资纠纷中经常会出现东道国在批准土地使用权，投资者进行前期投资后，由于东道国突然改变了相关的规划法案，或者直接进行了征收，无论投资者是否能获得双边投资协定的保护，都会遭受一定的损失。

（二）防范措施

为防范项目用地法律风险，企业可以考虑在政府参与的项目合同中加入稳定条款。稳定条款主要规定伊朗政府承诺在契约的有效期内不通过立法等行为改变合同的约定，不以立法、行政等手段减损外国投资者的权益或改变双方立约时的法律环境。这可以防止伊朗政府在外国企业开发项目产生收益时通过国有化等法律措施把开发项目占为己有。

企业还可以在合同中规定伊朗当地合作伙伴在确保项目用地方面承担更多责任。当地合作伙伴更熟悉伊朗法律制度，有处理政府关系和社会关系的经验，更适合承担确保项目用地的责任。此外，投资者还可以充分研究不同地域、工业园区、经济特区用地政策的优劣，根据项目的实际需要选择更为经济、合适、稳定的项目用地，享受用地优惠政策，降低法律风险。

四、签约风险与防范

（一）面临的风险

由于伊朗法律的特殊性，在签约时尤其需要注意以下方面：

1. 准据法的选择。对于伊朗自然人（或伊朗公司）与外国自然人（或外国公司）之间的合同，伊朗法律规定，如果合同在伊朗签署，则受伊朗法律管辖，合同双方对于准据法的约定无效。

2. 管辖法院或仲裁庭。一般来说，伊朗法院和国际仲裁庭比较而言，后者在中立性、程序、语言、执行方面都会较前者更好些。伊朗是《纽约公约》的签署国，因此，在《纽约公约》成员国裁决的国际仲裁裁决可以在伊朗执行，并且已有先例。但执行仍然存在很多限制：如《宪法》第139条规定，如果仲裁标的涉及公共财产或政府财产，则必须取得特定批准等。

3. 合同的终止。根据伊朗法律，如果合同签约时双方未就终止的情形做出约定，则此后要单方终止合同则非常困难的。

（二）防范措施

针对签约时的一般性法律风险，在伊朗法律允许合同选择其他法律的情况下，当事人如需选择其他法律，应在伊朗以外的地方签署。对于争议解决的约定，要尽量争取选择更为公平的仲裁。同时，要注意在合同中尽量详细列明终止合同的各种情形。同时，在签约时，就伊朗可能出现的国际制裁、政府更替或军事政变及暴动、革命或战争等风险，应列入不可抗力条款并设置保护机制。

五、履约风险与防范

（一）面临的风险

合同起草并签署后，在实际履行过程中仍会面临相关风险。

1. 开发及建设阶段风险。主要有投入超支、建设延期或勘探开发失败等方面。大型工程合同通常在投入和时间掌控上具有不确定性，即使投资者做好了一切准备，也随时有可能因为合作伙伴的原因（如相应的设备未到位、厂区未开放）或因为政府政策的原因（如许可证失效、安全或检验检疫标准提高）等造成成本增加或工程延期。

2. 运营阶段风险。主要包括生产现场的风险管控、雇佣当地人员、与合资对象的配合等问题。首先就生产现场的风险管控而言，一旦发生人员伤亡事故或环境污染事故，投资者不但将面临大额的赔偿风险或法律诉讼风险，还可能会引起当地人的不满，乃至罢工、抗议等。此外，雇佣当地人员也会产生由语言、文化、宗教、思维等不同而引发的矛盾和冲突。

3. 偿付风险。通常偿付的方式有两种，一种是货币，一种是实物（如油气等）。这两种选择涉及经济、政治等因素，也包含外汇管制、实物价格波动等商业和法律风险，投资者需要谨慎选择。若使用国际银行账户处理来自伊朗或者与伊朗有关的任何货币支付，账户所有人、付款方、收款方可能都会受到有关银行更高程度尽职调查。同时，偿付的主体可能是合资公司、当地国企（合作伙伴）、政府机构等，其偿付资格不确定，且可能存在官僚主义或其他原因引起的支付拖延。此外，若支付条款涉及任何实物支付，还需考虑实物进出口伊朗和进出口其他国家可能受到进出口审查与限制的风险。

4. 许可、资质等的审批问题。伊朗对自然资源以及其他事项都有较为严格的审批管理规定，虽然其对于引入外资的强烈愿望使其在政策上对外资较为友好，但是在各行各业尤其是石油、天然气以及土地等敏感部门，各类审批不在少数。在对外合作中的审批，需要耗费大量的精力，且不一定能够顺利完成。在项目开始后，就审批事宜，也可能存在当地合作者无视合同义务，拖延办理或者表示不能办理的情况。

5. 人员整合。项目投资或兼并收购交易过程完成后，与当地合作方或其他外国投资者整合资源、协调人事是一个复杂的过程。例如，在兼并收购过程中，项目投资人员配置不足或兼并收购中因控制权变更导致高级管理人员、关键管理人员和员工流失，会对并购后企业的整体效率、实现管理协同效应产生很大的影响。

6. 争议解决。由于支付途径不畅、信息不对称、语言文化差异等，伊朗是中国企业贸易纠纷高发的国家之一。发生贸易纠纷后，由于维权成本高，中国企业多选择息事宁人的方式，或仅采取一般手段催促伊方履行约定，基本对伊朗企业没有约束力。

（二）防范措施

1. 开发及建设阶段风险。防范此类风险，首先投资者在做出投资决策应对伊朗当地的政治商业法律环境进行充分的调研，在合作洽谈时也应尝试从合作伙伴处取得尽可能多的承诺，并约定违反承诺的赔偿方法。在执行合同时，积极督促合作伙伴履行其合同项下的义务。一旦对方违约，及时与之沟通协调，同时要完善文件管理，保留所有与对方公司或政府部门之间有法律意义的各种形式的交流记录，以便后续和解或争端解决程序顺利进行。

2. 运营阶段风险。中方在条件范围内应尽可能尊重当地风俗文化，留下良好印象后更有利于后续建设、管理活动的开展。此时如果在当地有合作伙伴，依靠合作伙伴在当地的公关能力，则相应的事故即使发生，引发群体事件的概率也会小很多。与当地合资对象的配合也极为重要，因为伊朗对于自然资源的开发、土地用水的供应及资本的转移等都有较为严格的规定，而当地合资对象一般是大型国企，与政府部门的人员有着大量的联系，由他们进行公关和协调是一种省时省力的方法。

3. 偿付风险。投资者需要注意合同订立方有无承诺偿付主体偿付的资格，如无资格需订立三方合同予以保障，同时合同双方最好在合同中写明支付的期限及延迟支付所增加的费用。此外，投资者在合同中约定以国际通行货币或者实物等作为支付方式，避免使用当地货币结算；如果必须使用当地货币，则应明确外汇手续的条件和义务方，以降低无法汇出的风险。再次，若交易涉及美国货币问题，需要考虑国际制裁对交易的影响。投资者还可以考虑在涉及支付方式时通过土耳其或阿联酋支付，还可通过在交易达成前以小笔定金支付的方式提前“测试”支付途径的可靠性。

4. 许可、资质等的审批问题。在早期项目洽谈之时，中方应明确获得相应许可、资质以及用水用地权利的工作应由当地合作伙伴承担；在合同中要明确合作伙伴迟延办理或不办理审批事项的违约责任。即使合作方较为强势，不愿意承担主要的办理工作，也应该在合同中明确在办理许可证等材料的过程中，合作方应为中方提供相应的材料、尽力协助中方办理。

5. 人员整合。为防止项目投资人员配置不足或兼并收购中因控制权变更导致人员流失，建议在项目投资谈判前期就锁定目标公司或项目经营的重要职员，确保投资者尽早与这些重要职员或高管建立良好的关系，并在买卖交接合同的条款中有所体现，使目标公司从交易结束后的第一天起，就有优秀团队接手管理。

6. 争议解决。伊朗国内法律虽不完善，但仍有相对公平的民事诉讼法律，建议我国企业在与伊朗方面合作时提高警惕，预先订立完善、翔实、有法律效力的商务合作文件，同时，在发生贸易纠纷后勇于通过法律途径保障自身权益。

六、环境保护法律风险与防范

（一）面临的风险

在伊朗，政府环保机构、国际环境保护团体、民间环境保护组织以及当地居民等都对外国投资对环境的影响非常关注，甚至上升到生存权和人权的高度。环境风险以不同的表现形式贯穿于跨国投资的整个过程。

1. 对伊朗投资落地之前的考察和准备阶段。存在着基础设置因环评不达标或民众和环保组织的抵制，导致项目无法落地的风险。一方面，伊朗政府可能认为企业的环保技术、环保措施等达不到相关标准，拒绝外国投资进入；另一方面，即使政府认可投资企业的环保能力，如果项目得不到民众和环保组织的支持，政府也不会轻易批准投资项目。

2. 跨国投资运营阶段。因投资企业的自身缺陷或者伊朗政治、经济、法律等国家风险要素的变化，可能引发环境规制风险，给投资企业造成直接经济损失。具体情形包括：

（1）伊朗环境法律体制宽松，若投资企业产生投机心理，主动淡化环保意识和责任，容易引发较为严重的环境危机，届时投资企业将面临高额的赔偿款和更加严格的环境监管；

（2）伊朗与投资国之间的环境法律存在差异，投资企业习惯于国内法，未能充分了解或适应伊朗的环境法律，触犯相关法律规定，被当地政府追究法律责任；

（3）伊朗政府迫于民意和政治压力，改变之前的投资决策，要么给投资企业附加更加严格的环保条件，或者直接暂停投资项目；

（4）伊朗环保法律的制定与变更，影响投资企业的正常经营；

（5）伊朗政府直接以环境规制手段迫使投资企业让渡经济利益。

（二）防范措施

为防范环保法律风险，企业需要强化环保意识和理念，健全环境保护管理体制，深入了解对伊朗的环境法律和监管体系并加强与风险研究机构之间的合作，共同提高对伊朗国家风险的研判能力。

七、其他投资风险与防范

（一）政治风险

1. 腐败风险。在伊朗进行投资，还需关注当地的腐败和经商环境问题。伊朗的贿赂和腐败监管不涉及专门法律，但伊朗正在制定反腐败和透明度措施。例如，伊朗国内法律规定，禁止官员受贿和任何形式的商业行贿。伊朗总检察院和伊朗司法部、内政部分别负责对伊朗政府官员的司法监督和行政监督。触犯相关法律规定者，将被处以罚款和刑罚。此外，伊朗还是《联合国反腐败公约》的缔约成员国。2008 年伊朗国家议会批准并执行该公约，公约的相关规定在伊朗国内具有法律约束力。伊朗还与伊拉克等国家签订了关于反商业贿赂和反腐败方面的司法协助备忘录，强调打击跨国商业贿赂行为。在实践中，外国投资者需要妥善处理与伊朗政府部门关系，预防政府部门的腐败对投资者造成的不利影响。为防范腐败和声誉风险，外资公司须遵守相关反腐败法律开展经营，避免潜在的刑事、民事责任以及可能更具毁灭性的声誉风险。此外，外资公司在伊朗投资过程中还可以采取以下措施：制定与执行反腐败政策；公司高层就诚信的企业文化以及稳固的商业操守作出承诺；就反腐败政策对公司员工、供应商及承包商进行培训；实施内部举报政策；定期进行风险评估及尽职调查报告；记录并报告其反腐败追踪措施、政策及合规计划等。

2. 在伊朗投资可能还会面临其他政治风险包括：战争、暴动、政变；投资人履行一切义务后，伊朗政府仍然拒绝授予许可或批准；政府违法作为和不作为、办事效率低下等。

（二）社会文化风险

1. 跨文化经营风险。投资过程中需要注意避免因中伊文化差异、偏好习惯、价值观冲突以及制度差异引发摩擦。文化制度的差异在经济活动的各个方面均有所体现。如中国企业会计制度与当地制度或国际惯例的差异，使得企业财务管理和资金核算存在困难；海外投资企业外派的专业人才和技术工人不适应外国的语言、居住环境、饮食习惯、交流方式等而影响工作效率。

2. 极端宗教势力与恐怖主义风险。2000 年以来，美国在中东地区的几次军事行动摧毁了当地原有的政治体系，后期美国从中东地区的军事收缩在客观上加剧了该地区的权力真空状态，为当地极端宗教势力和恐怖主义组织的发展提供了契机。伊朗虽然一般治安情况较好，但距离中东动荡国家和地区较近，也存在受到恐怖主义和极端宗教势力影响的风险。

3. 民族主义和排外情绪。有意与伊朗企业订立产量共享合同的外商投资者应当了解伊朗国内对此可能存在的强烈抵制情绪。例如，总统鲁哈尼与法国公司总体签署了一份谅解备忘录，每天可至多出口达 200 000 桶的伊朗原油，此后的 2016 年 1 月，在德黑兰发生了民众抗议活动。

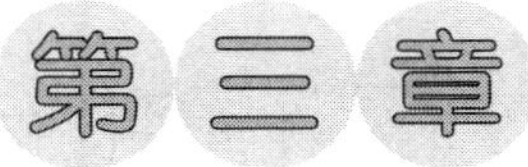

伊朗贸易法律制度

第一节　伊朗贸易管理体制

一、伊朗贸易主管部门

（一）工矿贸易部

工矿贸易部是负责贸易领域政策制定和管理的政府实体。其职能包括：制定和实施贸易领域政策；贸易促进规划；与外国政府缔结贸易协定；起草进出口监管法规，并在适当考虑保护国内生产和消费者的政策的基础上监督进出口监管法规的实施；维持国内生产和进口商品之间的平衡；为进出口贸易提供必要的便利，并协调国内外贸易所需的活动和服务；起草交易相关的服务性法规；国内和国际展览会的推广和举办；审核贸易领域国际组织的成员资格；起草出口促进法规。[①]

工矿贸易部主要包括三个机构：行政办公室、直属机构和省级分支机构。行政办公室主要负责决策、支持、营运规划、监督及处理宏观事务。直属机构负责制定和推行其工作领域内的政府政策和计划。伊朗31个省的省级分支机构负责与活跃在贸易领域的实体建立紧密的联系，并负责在各省执行指定政策和计划。

（二）伊朗贸易促进组织

伊朗贸易促进组织是工矿贸易部的下属机构，主要负责促进外贸、宣传出口、促进非石油出口、消除冗余贸易手续、为贸易目的起草适当的法律和法规、促进区域或国际合作、提供出口促进设施并协助提高伊朗商品和服务的质量。[②] 贸易促进组织的职能包括开展国内和国际贸易问题研究；提供咨询和培训服务；为投资者、进口商、出口商等提供保护和协助；为开展进出口贸易，采取行政审批和运营等必要的步骤、措施；与外国实体缔结条约；举办展览会和接待贸易代表团；拟定适当的进出口法规。[③]

（三）非石油出口高级委员会

非石油出口高级委员会由内阁会议组建，旨在审查国家出口政策，维持出口法规相对稳定，计划促进非石油出口，识别和确定出口的结构性障碍，确定促进非石油出口的必要措施，协调出口政策和活动，并阻止有关领域的垄断行为。该委员会由会长或副会长领导，其秘书由工矿贸易部任命。[④]

---

① 1974年《商务部组建法》第1条。

② 2004年《贸易促进组织章程》第4条。

③ 2004年《贸易促进组织章程》第5条。

④ 内阁会议决议，2014年。

（四）伊朗国际展览公司

伊朗国际展览公司以私有股份公司的形式组建，由伊朗政府所有，负责举办展览会。具体职能包括负责管理、协调和推广展览事务，以帮助实现与伊朗商品和服务等非石油产品的进口和出口。[①] 伊朗国际展览公司为所有国外或国内实体提供展示其自身和产品的平台，已有诸多潜在进口商和出口商参与。

（五）消费者与生产商保护组织

消费者与生产商保护组织旨在保护国内生产、在异常市场波动期间保护消费者、通过对国产和进口产品价格的控制与其他组织在出口和营销方面进行合作、为平衡国产和进口商品的价格进行研究和规划。[②] 该组织由四个机构组成：公共议会、理事会、审计委员会和定价委员会。显然，消费者与生产商保护组织的主要功能在于采取措施保护国内生产商免受进口冲击，同时为伊朗生产商品或服务的出口提供协助。消费者与生产商保护组织的主要职能包括保护国内生产商和商品；保护消费者免受价格波动影响；确定和控制价格；确定和控制影响价格的因素。[③]

（六）伊朗出口保证基金

伊朗出口保证基金以私有股份公司的形式组建，旨在保护出口商免受商业保险公司通常不承保的事件带来的损失，如战争、买方破产或无力偿债、买方拒绝接收出口商品或服务、买方国家

① 1999 年《伊朗国际展览公司章程》第 1 条。

② 1979 年《消费者和生产商保护组织章程》第 6 条。

③ 同上，第 7 条。

执行限制性的进口和货币政策、两国因未付款等降级或解除外交关系，但所有赔付前提是该等事件并非因出口商未履行其义务而引发。[①]

（七）金融事务与财务部

金融事务与财务部旨在规范金融和财务政策、协调金融事务、实施财务计划及与他国开展经济合作和联合投资。该部全权负责涉及伊朗各经济领域的金融政策以及计划的设计、实施和监督。金融事务与财务部与贸易相关的职能包括监督与税收和海关相关的事项；负责贸易合同和关税豁免优惠的实施。金融事务与财务部通过税务组织、海关总署等附属组织执行上述职能。

（八）税务组织

税务组织附属于金融事务与财务部，负责所有与税务直接或间接相关以及涉及增值税的事项，包括识别纳税人、创建纳税账户、计算税款、收税和解决税收争议。[②]

（九）海关总署

海关总署附属于金融事务与财务部，负责施行海关相关的进出口法规、收取关税等。

（十）经济特区与自由贸易—工业区

根据伊朗法律，伊朗共设23个经济特区和7个自由贸易—工业区。这些区域适用特殊的促进贸易、投资和生产的法规。这

① 2000年《伊朗出口保证基金章程》第5条。

② 2001年《税务组织细则》第1条。

些法规涵盖税务、关税豁免，以及满足灵活的贸易需求、简便的行政程序等。各自由区受该区域所设政府控制。所有经济区和自由区受经济特区与自由贸易—工业区高级委员会整体控制。

（十一）伊朗商业、工业、矿业与农业商会（商会）

伊朗商会为非营利机构，旨在促进生产和贸易，其职能包括促进会员单位之间的业务交流；向政府提供咨询意见；举办展览会，或参加与商业、工业、矿业和农业活动相关的展览会；促进国内投资和产品出口；解决会员单位之间商业纠纷；签发会员卡，用于办理商业卡。[①]

最后两项职能尤为重要：一方面，商会是许多伊朗国内或国外实体通常求助的争端解决机构；另一方面，按照伊朗法律的规定，任何无商业卡的公司或个人均不得进口或出口产品，而商会会员卡是获得商业卡前提条件。

（十二）伊朗合作社商会

合作社商会是为推动合作社活动而组建的非营利实体，具备一般商会的所有权力和职能，包括但不限于签发商业卡。

（十三）行业主管部门与相关实体

某些产品的进出口要求特殊许可，进出口商需从主管部门处获取该许可。各类产品由不同主管部门监管，例如进口药品需伊朗卫生部许可。具体的主管部门视进出口的商品类别而定。

① 1994 年《商会组建法》第 5 条。

二、货物进口管理机制

海关总署负责处理与进口商品相关的事务，包括进口机制的设置。

（一）商业卡

商业卡是由申请人以书面形式提交申请，由德黑兰或其他城市的商会分支机构进行审核，审核合格后签发的从事进出口贸易的通行证。无论是以空运、海运还是陆运的方式向伊朗出口货物或进口货物，合同双方都必须事先获得“商业卡”。只有获得“商业卡”的自然人或企业才能成为“提单”中的收货人，或发票和装箱单等文件的具名人。普通商业卡有效期 1 年，但生产商商业卡的有效期为 5 年。①

为获取商业卡，自然人需满足下列强制性条件和要求：年满 23 周岁；高中以上学历；拥有或承租开展商业活动的适当场所；拥有法定的业务登记表和业务登记声明；在伊朗国内银行设有无拒付支票记录的账户；不是政府部门的全职雇员；无自愿或欺诈性破产的记录；无有效的刑事定罪；具有按照《直接税法》第 186 条缴纳应缴税款的证明；拥有实际出席简报课程的证明；具有已经支付特定应付关税的证明；拥有经济代码；拥有工作许可证和有效的居住证；友好对待居住在外国的伊朗人。②

若以公司名义获取商业卡，非伊朗法人或伊朗法人需满足下列强制性条件和要求：公司总经理符合自然人获取商业卡的第 1、第 2、第 3、第 6、第 7、第 8、第 11、第 13 和第 14 项条件；公司符合自然人获取商业卡的第 3、第 4、第 5、第 7 和第 9 项条件。③

①② 伊朗《进出口法实施细则》（Exportation & Importation Regulation Act，EIRA）（以下简称“EIRA”）第 10 条。

③ 《进出口法实施细则》。

商业卡可在 1 年或 5 年的有效期届满后进行延期。每个自然人或法人仅可获得一张卡，持有人不得将商业卡转让给他人。

特定个人或企业不受一般规则的限制，可在没有商业卡的情况下进行进出口贸易，这些个人或企业主要是边境地区居民建立的合作公司、在伊朗海岸和其他国家之间通航船舶雇佣的伊朗船员、小贩以及在外务工的伊朗工人。另外，海关总署有权确定的某些特殊商品可在无商业卡的情况下允许进出口。

商业卡申请人与商会之间的任何争议均可提交至工矿贸易部解决。在商业卡签发后，如果工矿贸易部获悉持卡人当时或者目前未满足某项要求，则可撤销商业卡；若商会获悉此事，其应将案件移交至工矿贸易部，以方便后者撤销商业卡。

商业卡申请流程如图 3－1 所示。

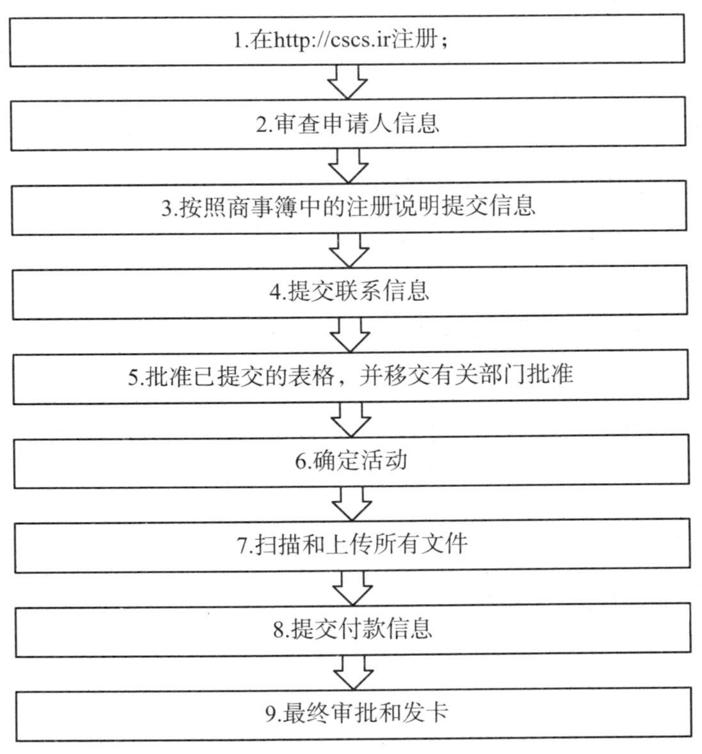

图 3－1 商业卡申请流程

（二）可予进口的商品

根据《海关管理法》第 1 条，以下两类商品可予进口：获准商品，该类商品可按照相关适用法规进口或出口，无须获得许可证；限制商品，该类商品可在获得主管政府部门特别许可后按照相关法规进口或出口。

根据伊朗法律规定，限制商品主要包括以下几类：

1. 药品的进口需要采取特殊程序从卫生部（MOH）下属的食品和药物管理局（FDA）获得许可。首先，从 FDA 获得药品许可进口名单，确认产品是否包含在允许进口的范围内；然后，申请人向 FDA 提交药品进口申请，FDA 将对申请文件进行审查，如果审查通过，则颁发许可证，许可证持有人能够将产品进口到伊朗。

2. 进口家畜和家禽需产地国出具卫生证书，并经伊朗兽医组织批准。

3. 进口和出口野生动物和鸟类需出示伊朗环境部的证书；

4. 进口和出口无线电话等通讯产品需通信和信息技术部出具相应证书；

5. 进口活鱼需伊朗农业圣战部签发许可证。

此外，负责签发该等许可的部门和组织有义务向工矿贸易部说明需遵循的标准或规格。工矿贸易部应公布该等标准或规格。

（三）进口流程

货物进口流程如下：

1. 在 www. sabtaresh. tpo. ir 登记进口订单，以获取运输码单。

2. 在线提交电子说明，以获取序列号，并提交提单扫描件和发票。

3. 获取登记号，并确定审核专员。

4. 审核专员确定具体审核路径：

（1）审核专员审核文件，实际评估，封装卸货车辆，并决定是否提请价值协调专员审核；

（2）审核专员审核文件，封装卸货车辆，并决定是否提请价值协调专员审核；

（3）审核专员审核文件。

5. 告知关税付款码。

6. 支付关税。

7. 审查是否放行以及签发装货批准，并称重。

8. 商品放行。

9. 装货并签发电子批准，并重新称重。

10. 离开海关。

（四）临时进口

临时进口是指出于开展经济技术、科技文化合作交流的需要，而暂时进口商品用于特定目的，并且在规定的时间内将有关进口商品原状运出境的制度。

《海关管理法》允许临时进口以下商品：

1. 特殊情况下，某些商品可在一定期限内进口至伊朗。除海关总署确定的期限内折旧外，该等商品应在无任何变动的情况下运出[①]。例如，用于在伊朗展览会上展览的样品需要临时进口到伊朗，海关总署可向申请人签发具附有期限的临时通行证。临时通行证到期后，货物应从伊朗出境。海关总署发放临时通行证时，需要申请人提供担保。如果持有人决定出售或消费该产品，

① EIRA，第51条。

应申请撤销临时通行证并申请永久通行证。

2. 第二类商品是指仅在合同期内使用，合同期满后须运离伊朗的货物，如各种施工设备和仪器。该类商品的临时进口期应由相关部门、海关总署和商会确定。进口商应以现金或银行保函的形式向海关总署提供担保，且必须保管好海关总署印或其他标志①。如果进口商希望出售或使用该产品，其应请求撤销临时清关，并申请永久清关证。

（五）禁止进口的商品

伊朗《海关法》规定下列商品禁止进口：

1. 海关税目表和专门法律规定禁止进口的商品；

2. 根据有关法律制定的规定认为属不许进口的商品；

3. 任何武器、猎枪、炸药、雷管、子弹、炮弹、爆炸物、易燃易爆物品，除非获得国防部和武装部队后勤部的许可；

4. 任何毒品，除非获得卫生医疗教育部的许可；

5. 空中摄影、摄像专门仪器，除非获得国防部和武装部队后勤部的许可；

6. 任何发射机及其零配件，除非获得邮电部的许可；

7. 经伊斯兰文化指导部认定属破坏公共秩序、有损国家形象、宗教风化的唱片、录音带、电影片、书籍；

8. 经情报部队认定属破坏公共秩序、有损国家形象、宗教风化的杂志、报纸、图画、标记、出版物；

9. 那些外表装潢上、提货单及有关文件上有破坏公共秩序、有损国家形象、宗教风化的句子或标记的商品；

10. 在发行国已作废的外国纸币、仿制的纸币、邮票、货签；

11. 彩票；

① EIRA，第135条。

12. 那些会使消费者和购买者因为商品外表装潢上的名字、标志、商标或其他特征而对原产品制造商、生产厂家和其特性产生误解的商品。

三、货物出口管理机制

（一）出口流程

向伊朗以外出口商品与进口至伊朗的要求和流程基本相同，出口商应持有商业卡。关于获准商品、限制商品和禁止商品的要求同样适用；获准商品可直接进入出口流程；限制商品需事先获得相应许可。例如，就药品而言，出口需要许可证，制药公司应申请此类许可证，然后履行出口程序。实际出口程序始于工矿贸易部，终于海关总署。

货物出口流程如下：

1. 在 Eplirica. ir 注册，以获取用户名和密码。

2. 向海关运送商品，准备称重和卸载。

3. 确定出口专员和出口路径：

（1）出口专员审核文件，对出口商品采样，进行最终评估；

（2）告知关税付款码，出具付款收据。

4. 封装持绿色通行证的车辆，出具出口许可证之后授权装载卸载商品。

5. 向海关提交出境信息，核实后，授权出境。

（二）临时出口

《海关管理法》允许临时出口商品。商品可在有限期内从伊朗出口，以便进行处理、建造、修理、更换、用于展览、用作个人使用的运输工具或用作技术和工程服务的机器或设备。该等商品免缴任何关税，但附加或替换部分需缴某些关税。

（三）出口优惠

伊朗法律为出口商提供出口优惠。根据《豁免商品和服务出口关税法案》，所有向伊朗以外出口的商品或服务均免缴任何关税，且任何政府部门或公共组织均无权收取该等关税。

此外，《国家发展计划永久规定》第 23 条规定，不得通过其他法律向获准商品或非计算机商品出口收取关税或税款，并禁止为调节国内市场阻止出口。主管机关将定期宣布禁止出口商品和计算机商品列表。

除一般法律外，海关总署已设计了促进出口的政策和措施。海关总署的政策主要是为非石油出口商提供最大的便利和鼓励，利用海关总署软硬件设施实现促进出口的战略目的。海关总署为出口商提供的便利包括：在 2 小时内完成提交完整准确申报表的出口商的海关手续；出口商提交完整准确申报表的，海关总署无须实地查看商品或进一步评估商品；将检查手续限于检查提交完整申报表的出口商的印章；可在工作时间外或甚至法定假日完成出口商品清关手续；伊玛目霍梅尼机场海关 24 小时开放服务。德黑兰海关和阿巴斯港 Shahid Bahonar 港口可设定下午轮班；在海关监管区域外完成与评估出口商品相关的手续；基于特殊标准和条款，在无须出口商出示相关证书的情况下完成附标准标识的封装产品的清关手续；向有信用的出口商给予暂时接受出口原材料的银行担保折扣，最高可达到岸价值的 80%。

四、服务贸易管理机制

（一）伊朗法律的一般规定

伊朗政府总体上的政策是保护和促进服务出口，但限制服务进口。此外，伊朗并非世界贸易组织的成员国，故无须遵循《服务贸易总协定》的要求。

伊朗的服务贸易受工矿贸易部和贸易促进组织控制和监督。《宪法》和其他法律的少数条款有调整服务贸易的内容，但伊朗没有专门针对服务贸易的法律。由于伊朗试图加入世界贸易组织并促进外贸和外商投资，因此，服务贸易法律的立法趋向于符合私有化和自由市场。

（二）伊朗服务贸易的限制

1. 雇佣外国人。政府部门雇佣外国人受限制。《宪法》第82条规定，“禁止雇佣外国专家，除非确有必要并经伊斯兰议会批准”。虽然政府部门雇佣外国专家受限，但未对非政府机构设定限制。

私营部门雇佣外国人也存在诸多限制。外籍雇员只有获得工作签证后才可以在伊朗工作。伊朗劳动与社会事务部在符合下列条件之一的情况下，为外籍人员发放工作签证：根据伊朗劳动与社会事务部的确认，没有拥有同等专业技能胜任某项空缺专业岗位的伊朗公民；外籍人员拥有完成某项空缺工作所需的更高的专业知识或技能；外籍人员向伊朗公民培训专业技术，并使得完成培训的伊朗公民后续能够替代外籍人员。

2. 不动产的所有权。根据1931年《外国人持有不动产法》，外国自然人或法人不得拥有伊朗的不动产；若外国自然人或法人在伊朗设立由其全资拥有的公司，则该公司应被视为伊朗法人，可在伊朗拥有土地或不动产。

3. 外汇的汇出。《鼓励和保护外国投资法》第23条，出口产品或投资对象公司提供服务或出口其他授权产品所得外汇收益可汇回本国。但《服务贸易总协定》第11条不同意任何成员国对资金和利润的偿还设置限制，包括货币限制。

4. 提供网络服务。《向互联网与内联网分销商发放许可标准》第1条规定，仅伊朗人有资格申请提供网络服务的许可。

5. 旅游机构的设立。《旅行和旅游机构设立与监督细则》第3条规定，仅伊朗人有资格申请设立旅游机构的许可。

第二节　对外贸易法律体系及基本内容

一、伊朗的对外贸易法

（一）概述

《宪法》第44条规定："伊朗伊斯兰共和国经济制度是有计划地建立在国营、合作经营和私营三种成分的基础上的。国营成分包括所有工业、外贸、大矿业、银行、保险、能源、水坝、大型水利灌溉网、电台、电视台、邮电、电报和电话、航空、航运、公路、铁路等国家所有的公共财产。合作经营包括城乡中按伊斯兰原则建立的生产和分配的公司和合作企业。私营成分包括一部分农业、畜牧业、工业、商业和服务行业，这一成分是辅助国营和合作经营的经济成分。所以这三种经济成分的所有制受伊斯兰共和国法律保护，前提是它符合这一章的其他条款，不违背伊斯兰法律，有利于国家经济的发展，不损害社会。有关法律将详细规定这三种经济成分的标准、范围和界限。”

同时，《外贸垄断法》第 1 条规定伊朗外贸由政府垄断[①]；第 3 条规定，如果政府不希望直接参与进口和出口，可将其进口外国产品的权利让与个人或机构。此外，政府可随时禁止出口和进口某些商品。

长久以来，这些法律阻碍了许多私营企业进入诸多行业和贸易领域，但 2005 年，伊朗最高领导人发布了《宪法第 44 条一般政策》，规定提供经济私有化平台，并增加伊朗市场中的私营份额。根据该文件第 2. 2 款，私营部门可依据该国贸易和货币政策投资、拥有和管理对外贸易。上述障碍借此得以清除。

另外，《宪法》第 81 条禁止外国人建立商业、工业、农业、矿业和服务业的公司或机构，但实践中，外国法人或自然人已设立了该领域公司或分支。因此实践做法已使该条款形同虚设。同时后续立法也取代了《宪法》的这一条款。1999 年，内阁会议批准了《允许登记外国公司分支和代表处法实施细则》。根据该细则第 1 条，外国公司可在伊朗设立分支或代表处，以开展业务。

最新趋势表明，伊朗政府正努力消除自由外贸之路上的障碍，某些限制进出口贸易的主要禁令已经过时或废弃。政府的努力为伊朗和外国私营实体从事贸易活动开辟了道路，但伊朗政府和伊朗法律体系总体上倾向保护国内工业，同时限制自由贸易。总而言之，自由贸易的结构性障碍正在消退，但各种保护和限制性的政策或措施仍然存在。

① 1931 年《外贸垄断法》第 1 条。

（二）国内生产和出口保护

一般来说，伊朗经济的普遍做法是保护生产和出口，伊朗设有许多对国内生产和出口有利的规定。伊朗政府已在多个领域制定多种保护性的措施或政策。

1. 货币。许多情况下，政府为出口商设置有利的货币汇率。

2. 保险。伊朗为出口商设计了广泛的保险范围。伊朗出口保证基金专门用于向伊朗出口商提供保险，其宗旨是通过以下措施促进和保护非石油出口：承保未支付出口商品或服务；出具承保可能威胁在外伊朗投资者资金的政治风险的保险单；通过出具银行保函或信用担保来提供出口商所需资金。

3. 政府收费。进口物品需缴纳多种政府收费，而所有出口均豁免该等收费。政府收费制度包括进口关税、增值税和服务费。

4. 市场准入。伊朗政府通过多种立法限制外国人进入伊朗市场，并将部分市场预留给了伊朗参与者。例如，外国投资进入伊朗的标准之一是在各经济部门中外国投资创造的商品或服务总值不得超过伊朗国内商品或服务生产总值的25%，而各业务类型中该比率不得超过35%。

5. 税收。出口免税。

二、海关监管法律制度

（一）海关总署架构

伊朗海关总署由总部和八个监管分支组成。其最高官员是署长，署长同时是金融事务与财务部副部长。

海关总署总部位于德黑兰，负责控制和监督所有分支和执行机构。总部由署长办公室和四位副署长组成。八个监管分支位于伊朗不同地区，负责协助总部控制遍布全国的执行机关。德黑兰海关和伊玛目霍梅尼机场海关是唯一受总部直接管理的执行机构。总部有权指导和监管分支和执行机构。

除位于德黑兰、其他城镇和边境地区、某些波斯湾中的岛屿和边境市场上的特别和自由区海关外，伊朗共设144个海关执行机构。

（二）禁止进出口的商品

商品分为获准商品、限制商品和禁止商品。具体要求和目录见本章第一节。

（三）海关管理规章制度

2008年，伊朗政府经济委员会根据工矿贸易部的提议对《进出口法实施细则》第11条、1994年4月26日通过的H/16T/1395号文件、2004年11月9日通过的H/27484T/37502号文件的内容进行了修改。

根据修改后的《进出口法实施细则》，凡被列为限制进口的商品、商业利润税被调高的商品，在其进口前必须到工矿贸易部办理进口申请，并到海关进行备案。

三、关税法律制度

（一）进口税

每件进口商品均需缴纳进口关税。进口税包含两个税种，即海关关税和商业利益税。各具体商品的进口税见工矿贸易部每年公布的进口税率表。进口税中的4%是海关关税，剩余部分则为商业利益税。政府每年公布海关关税率，但不会公布商业利益税率。

除进口税之外，进口商品还需缴纳其他政府收费，包括进口商品的增值税、红新月会关税，以及海关存储、装载和卸载商品等服务的费用。进口商品适用的政府收费具体如表3－1所示。

表3－1　进口商品适用的政府收费

进口税	政府逐年公布
增值税	（进口税＋到岸价格）×9%
红新月会关税	0.5%×进口税
服务费	基于所提供服务计算

（二）豁免

豁免是指豁免支付部分或全部进口货物与商品的海关关税或商业利益税，需按照特殊规则和制度确定。豁免的情况主要包括：

1. 暂时进口的包装设备之后实际出口的，免缴海关关税。

2. 所有为农业、畜牧业、工业、矿业和包装行业进口的机器免缴海关关税。

3. 满足下列条件时，所有农业设备、机械及其零部件免缴海关关税和商业利益税：按照现行法规进口至伊朗的；非在国内生产的；农业部评估并确认进口的。

4. 合格的生产工业和矿业设备的单位进口，并经工业部批准的，所有生产机械免缴海关关税和商业利益税。

5. 经生产部门建议，并经政府批准，工业和农业机械、电力与电子设备以及国内工厂进口并在国内完成、组装或生产的运输车辆的原材料和零部件享受海关关税和商业利益税减免。

经卫生、治疗与医学教育部或兽医部许可建立或即将建立的工厂为生产药物而进口并按照相关规章制度在该等工厂生产的原材料和包装设备之关税与国外生产的药物关税相同，除非相关部门和组织批准并在关税表中列明更低的关税税率。

根据伊朗《编码协调制度》规定，原材料，包括化学生产原材料、普通金属、纺织业、公路、农业和矿业零部件和设备、不同工业和矿业领域的生产机械以及实验室、科学、技术和研究工具，均可享受免税优惠。

（三）伊朗主要商品进口关税税率

1. 伊朗主要商品进口关税税率如表 3 -2 所示。

表 3 -2　　伊朗主要商品进口关税税率

商品分类	税率（%）
化工产品、金属制品、测量仪器、医药制品及其他	10
食品、矿石、皮革、纺织品、纸张、机械设备	15
农产品、电子仪器	25
交通工具及配件	25 ~ 120

2. 进口税调整。自 2015 年 3 月 21 日起，伊朗大米进口关税增加至 40%；2014 年 5 月，伊朗政府免除了电动汽车和排量 2 500CC 以下混合动力车的进口关税，也是伊朗首次针对电动和混合动力车减免关税。自 2013 年 3 月起，伊朗连续 5 年，每年降低汽车关税 5%，以鼓励汽车进口，加强内市场汽车竞争力，降低国产汽车售价非正常的高企状态。2011 年 12 月，伊朗农业部将苹果、桔子、橙子等水果的关税从 90% ~120% 降低到了 4%。

四、反倾销和反补贴法律制度

（一）主要规定

伊朗法律禁止外国人倾销外国产品，主要的法律框架是内阁会议决议。内阁会议任命研究工作组，由来自工矿贸易部、金融事务和财务部、农业部、规划和预算组织的代表和其他反补贴和反倾销相关官员组成。工作组主要负责：调查任何人报告的倾销和补贴事项；起草所有必要的指令、法规和要求；初步识别补贴和倾销；接受价格承诺。

（二）反倾销和反补贴调查处理流程

内阁会议任命的研究工作组如果收到任何倾销或补贴案件报告，且工作组在初步调查阶段发现可疑情况，则向伊朗出口货物的外国出口商应正式宣布其承诺降低出口商品的价格或结束出口，以换取工作组停止或中止调查。如果出口商不接受，则工作组将继续调查，并向内阁提交报告。出口商拒绝上述措施并不影响其在调查过程中享有的权利。

在调查期间，工作组应在开始调查后 60 日起确定临时进口关税；除非工作组做出其他决定，该等临时进口关税适用期间不得超过 4 个月。

如果工作组证明所调查的进口商品通过收取相应政府补贴或以倾销方式出口至伊朗，则适用特殊的补偿性倾销关税。该等关税应作为特别进口税，适用于所有从倾销或补贴中受益的外国出口商。当然，承诺降低价格或暂停出口的出口商无须缴纳该等特别进口税。除非工作组延期，否则该等关税适用期限不得超过 5 年。

第三节　伊朗进口贸易的法律风险与防范

非关税壁垒是伊朗政府在不使用海关关税或进出口关税的情况下施加的所有限制、干扰和干预。这些壁垒完全无法与世贸组织体制兼容，故伊朗进口、贸易法律不符合世贸组织的要求。

一、贸易壁垒风险与防范

（一）法律风险

1. 贸易控制。商品分为获准、限制和禁止三类，这意味着总体禁止某些商品贸易，此要求与世界贸易组织要求相悖。

2. 服务贸易服务。服务贸易的许多相关行业，包括银行、运输、保险、教育等，均由政府垄断。

3. 补贴。以多种方式向本国生产商发放补贴构成自由贸易壁垒，包括交通补贴、出口免缴关税和政府收费、给予优惠贷款、支付出具保函的费用或出口费用等。这些补贴行为制造了不平等竞争的环境，不符合世界贸易组织的制度。伊朗法律规定了两类补贴，即支付给私营或公共个人和公司的直接补贴和间接补贴。直接补贴主要以付款形式给予，而间接补贴主要以免税形式给予。

（1）直接补贴。该类补贴由政府直接向市场参与者补贴金钱，包括但不限于：政府承担燃气、汽油、石油、电、水等的价格；政府出口赠品补贴、运输补贴等，所有非石油出口均享受此类补贴；政府直接或通过私人实体间接支付优惠金融贷款、低息贷款、出具银行保函的费用或出口保险等。

（2）间接补贴。该类补贴具有特殊性，如果公共实体放弃其就出口相关活动从国内生产商获取相应金额的权利，该等弃权金额可被视为间接补贴，包括但不限于：出口商品或服务免税，但出口未加工的原材料应支付一定费用；通过出口获得的收入免缴部分或所有税款；出口商品或服务免缴进口税；临时进口免缴进口税。

4. 保护国内生产。与世贸组织制度禁止成员国对外国或国内产品采用双重标准或歧视不同，伊朗政府广泛支持和保护国内生产。进口需支付政府费用，但出口免费。实践中，此举抬高了进口商品的价格，因此降低了进口商品在伊朗市场的竞争力。

5. 进口货物清关时间长。尽管伊朗当局近年来试图缩短清关许可期限，但与发达国家甚至伊朗自由贸易区和经济区相比，这一过程还是显得过长。但也有一些进口海关代理，可以在较短时间内完成清关，进口商可以使用这些公司来加快他们的海关清关事务。

6. 包装规定。伊朗法律规定，在包装商品过程中必须附上一个包含特殊代码的标签。出口商在与伊朗从事贸易时应考虑这些规定。通常这些规定并不是太严格和困难，出口商可以很容易地达到规定的标准，只要在生产和包装之前获得这些规定，使产品按照规定进口。

7. 进口限制。某些进口到伊朗的货物可能有一定的数量限制。例如，如果在伊朗生产药物，那么可以进口的药物最多只能占市场份额的10%。这种限制在实际进口前应予以确认。

8. 出口和进口条例缺乏透明度。目前的进出口规则分散在不同的法律上，甚至这些规则也不够透明，不能让外国进口商清楚了解伊朗的进出口相关规定。例如，根据 IRICA 发布的指令，伊朗 2017 年 3 月 2 日至 2018 年 3 月 2 日禁止进口小麦。

9. 各项规定突然变更。适用的法规会突然发生进出口商难以预料的变化，给进出口贸易造成障碍。

（二）风险防范

为避免前述风险，可采取以下措施防范风险：

1. 市场研究。在开展业务前，对计划进口到伊朗的货物进行市场调查，了解市场概况及主要参与者的情况，是否有政府机构或半政府实体参与经营，市场参与者的地位以及是否获得有利的特权等。

2. 法律尽职调查。了解关于进口特定类型货物的法律规定至关重要，这包含对允许进口，禁止进口或有条件进口商品的分类，商品的质量标准要求和包装要求等。

3. 当地常设机构。从事贸易的主体可以通过子公司、分公司、分销商等形式在当地设立机构，这可以帮助外国贸易商获得不同领域的市场信息、资源。当然，在选择代理和分销商的情况下，应当谨慎选择可靠、值得信赖的代理或分销商。

二、知识产权法律风险与防范

（一）法律风险

伊朗的知识产权法无法涵盖知识产权保护的所有领域，被认为是制约部分行业在伊朗发展的因素之一。伊朗参加的知识产权保护相关的国际条约不多，对外国知识产权保护力度不足。如对外国电影和电子游戏等，伊朗法律没有提供知识产权保护。

（二）风险防范

为了防范知识产权风险，可在以下几个层面采取措施：

1. 伊朗法律层面。为了获得法律保护，有必要严格根据伊朗相关法律规定进行商标，专利的注册。这将使知识产权的所有者根据伊朗现有法律获得所有必要的保护。

2. 国际法律层面。为了获得更加全面的保护，知识产权的所有者可以通过马德里体系向其他国家申请国际商标注册。但首先商标必须在商标所在国进行注册，原籍国的国内注册是马德里体系成员国商标国际注册的先决条件。原籍国的注册和通过马德里体系进行的注册对知识产权提供了全面的保护。

3. 商业层面。应针对未经授权的非法使用注册商标的行为进行维权，这将有助于巩固市场上已经注册知识产权的地位。

三、关税风险与防范

如上所述，伊朗政府已经采取多种措施，试图改善国内贸易保护状态，并趋向建立更自由的市场。例如，统一进口税和关税，修订《直接税法》、依据《宪法》第 44 条进行私有化、加入知识产权国际公约、承认并执行国外仲裁裁决等。但目前伊朗关税水平仍维持较高水平。并且，伊朗并非世贸组织成员国，没有义务设定关税上限，政府可按照其整体政策随意变更关税，具有很大的不确定性。对伊朗开展贸易的中资企业应密切关注政府关税调整的风向，及早做出预判，并作为商业决策的主要考虑因素之一。

四、其他贸易风险与防范

多年来，伊朗经济和市场一直受到美国和欧盟的制裁。这些制裁为世界各地意图在伊朗经营或与伊朗交易的公司和商人带来了许多问题和挑战。幸运的是，伊朗、“P5 +1”（联合国安理会5 常任理事国加上德国）和欧盟于 2015 年就核问题达成《关于伊朗核计划的全面协议》。然而制裁风险仍然存在，具体分析见第八章。

伊朗工程承包法律制度

第一节　在伊朗进行工程承包的方式与业务流程

一、在伊朗进行工程承包的方式

伊朗《民法典》确立了"意思自治"原则，因此原则上，在伊朗的法律环境下，只要不违反公共秩序等强制性法律规范，各种类型的承包方式都可以接受。此外，伊朗《鼓励和保护外国投资法》特别规定，鼓励和保护"BOT"（Built - Operate - Transfer，建设—运营—转让）的承包方式。

一般而言，在伊朗最为常见的承包方式主要有"BOT"（Built - Operate - Transfer，建设—运营—转让），"EPC"（Engineering - Procurement - Construction，设计—采购—施工），"EPC + F"（Engineering - Procurement - Construction + Finance，设计—采

购—施工+融资），以及 EPCF（Engineering - Procurement - Construction - Finance，设计—采购—施工—融资）。

（一）BOT

BOT 是指项目承包商从东道国政府获得某项目基础设施的建设特许权，然后由其独立或联合其他实体组建项目公司，负责项目的融资、设计、建造和经营。在整个特许期内，项目公司通过项目的经营获得利润，并用此利润偿还债务。在特许期满之时，整个项目由项目公司无偿或以极少的名义价格移交给东道国政府。

BOT 模式下项目公司可通过抵押项目（就项目本身产生的现金流和项目的资产作为担保）获得贷款。贷款人可为项目公司组建者中的一员或者是第三方。一般而言，BOT 模式中有两类贷款协议。一类为"非求偿性项目融资"（Non-recourse Project Finance），在这类协议下，贷款人无权就项目公司组建者中个别成员的财产进行追索求偿以担保其出借的款项，贷款人唯一的担保是项目公司财产或者是为执行项目而形成的特别合伙（Special Purpose Venture）。另一类被称作"有限求偿项目融资"（Limited Recourse Project Finance），在这类协议下，贷款人则有权就项目公司组建者中个别成员的财产用于担保。在贷款人与承包商的协议中可以约定，贷款人在何种程度上就项目公司组建者的财产用以担保借款。不管采取哪种贷款协议，贷款人和政府之间都没有任何合同关系。毕竟，就贷款协议而言，承包商或项目公司才是融资主体。在 BOT 协议中，承包商有权将项目整体或者部分的设计、采购和施工工作，通过 EPC 合同交与分包商执行。

BOT 模式还衍生出若干种承包模式，例如，BOOT（Built - Own - Operate - Transfer，建设—拥有—运营—转让），BOO（Built - Own - Operate，建设—拥有—运营），BTO（Built -

Transfer - Operate，建设—转让—运营）等，这些衍生的承包模式与 BOT 的融资方式相同或近似。

（二）EPC

EPC 承包方式下，一般是由业主通过招标或议标的形式将工程的设计、采购、施工交由承包商完成。项目竣工后，业主只需要转动（Turn）承包商交付的工程“钥匙”（Key），项目便可启动运行。因此，EPC 工程也被形象地称作“交钥匙工程”（Turnkey Project）。EPC 工程项目的融资责任在业主或政府一方，业主或者政府一般根据承包商的工程进度采取分期付款的方式，同时也会向承包商支付一定比例的预付款。总体而言，EPC 承包商的风险在于设计、采购和施工等工作的风险，而业主或政府一方的风险则是关于融资和市场价格。

（三）“EPC + F”

“EPC + F”是在伊朗最为常见的工程承包方式之一。这种承包方式类似于 EPC，只不过承包商需要承担一项额外的义务，即承包商需要通过接触和介绍合适的融资人的方式，管理和安排项目相关的融资事宜。这也意味着融资的风险和责任仍在业主或政府一方，而承包商仅仅是在贷款人和业主或政府之间“牵线搭桥”。

然而在实践中，凡是涉及政府合同时，即工程项目建设方（招标方）为伊朗政府或者伊朗政府主管、控制的法律实体或组织的，往往不会采用“EPC + F”模式。究其原因，主要是在“EPC + F”协议中无法明确约定，一旦政府方与融资人就融资问题无法达成一致导致谈判失败时，承包商承担何种责任。因此，“EPC + F”的承包方式在政府合同中并不受欢迎。

（四）EPCF

不同于“EPC + F”，EPCF 模式下的融资责任转移到承包商一方。就融资方式而言，EPCF 很像 BOT 模式，但就工程款的回收而言，EPCF 则类似于 EPC 模式，即承包商就所完成的工作获得一个相对固定的总价，而业主或者政府方承担市场价格的风险。

二、在伊朗进行工程承包的业务流程

中国公司在伊朗进行工程承包的主要活动可划分为四个阶段：分别是项目筹备阶段、投标报价阶段、项目执行阶段和项目关闭阶段。

（一）项目筹备阶段

项目筹备阶段的主要业务是进行市场调研和设立合法的经营主体。

1. 市场调研。进入伊朗市场的首要任务是进行当地市场调研，如果企业将伊朗作为一个新的目标市场，则需要组织相关人员建立团队进行调研活动。调研团队应包括市场开发人员、商务报价人员、法务人员、财务人员、采购人员和技术人员等。调研内容主要是市场前景、当地设备材料和人力资源情况及价格、分包商资源、施工机具设备资源及价格、法律环境、财税、运输状况及市场情况、安全环保情况和要求等。调研的途径则是通过拜会、走访中国驻该国使领馆、中资企业、业主、政府机构、商会行业协会等了解相关信息，以及向当地法律事务所、会计事务所咨询等。

法律环境研究是市场调研活动中的一项重要内容，对于法律环境，需要研究如下事项：

（1）法律体系及其框架结构、法律体系的完备程度，相关守法执法的环境；

（2）外资和市场准入问题；

（3）市场经营形式问题，外国公司在伊朗的注册要求，开展经营所需要办理的证照、许可等，以及办理注册、许可等需要的程序、手续、费用、时间等；

（4）在伊朗开展经营相关的法律、法规、法令等具备法律效力的规范性文件，如工程建设、外汇、进出口、劳动、保险和税收等方面的法律法规，以及相关的国际条约、双边条约、国际惯例等；

（5）伊朗的法律服务环境，相关律师事务所的情况等；

（6）有关的法律信息。

具体法律环境研究内容可参见表4－1。

表4－1　　某中资公司针对伊朗市场的法律环境研究清单

1. 共同加入的国际组织和国际条约包括双边条约：
□是否与我国签订了双边条约
□加入的国际组织、国际条约和公约。
□是否熟悉相关条约
2. WTO 成员国：
□若市场国为 WTO 成员国，是否熟悉了该国的 WTO 承诺。
□有无需要特别注意的附加承诺条件和/或保留条款。
3. 政府保证：
□是否向市场国政府咨询相关鼓励外国投资者的政府保证。
4. 法律/行政等管理机构：
□是否熟悉法律/行政管理机构的组织体系，办事效率等。
5. 市场准入：
□是否了解了市场国市场准入的要求或限制。

续表

6. 合法经营身份：
（根据市场国的法律和法规规定，采取市场国可接受的最适宜的合法经营法律主体类型。）
□是否了解了企业实体类型
□是否了解了有关涉及外国公司设立企业实体的规定
□是否了解了有关子公司/分公司等股份资本的规定
□是否了解了有关海外投资准入的要求
□是否需要商业许可，若需要，查询具体规定
□是否需要常驻许可，若需要，查询具体规定
□若在当地建立子公司，是否查询了针对母公司的要求
□是否查询有关签证管理的具体规定
□是否需要海外雇员配额/施工许可
□是否评估设立机构的费用，例如注册费用、印花税
□是否评估应向政府缴纳的费用
□非常驻当地，是否需要开立当地账户
□是否需要指定一名当地代理，该代理需要何种资质
□是否了解了各类文件的要求
□是否了解了设立企业实体的时间表
□是否了解了对公司使用何种法律管辖
7. 税费：
□是否了解了适用的税种及税率
□是否了解了注册缴税程序
□是否了解了免税规定
□是否了解了税收优惠政策
8. 当地成分：
□是否有当地成分的要求
□若有，注意当地成分的具体要求。
9. 用工要求：
□是否查询了当地劳工法律的规定和适用，如雇工的一般条件、最低工资、工伤赔偿、病假、劳动保险等。
□哪些法律涉及外籍劳工或外籍行政管理人员的工作许可或签证？这些工作许可或签证是否有时间限制？他们能与相关机构进行协商吗？

续表

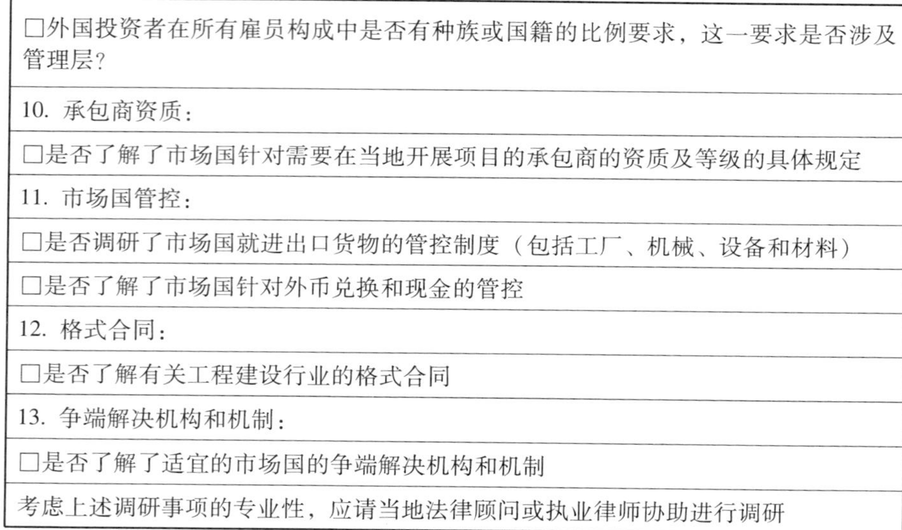

□外国投资者在所有雇员构成中是否有种族或国籍的比例要求，这一要求是否涉及管理层？
10. 承包商资质：
□是否了解了市场国针对需要在当地开展项目的承包商的资质及等级的具体规定
11. 市场国管控：
□是否调研了市场国就进出口货物的管控制度（包括工厂、机械、设备和材料）
□是否了解了市场国针对外币兑换和现金的管控
12. 格式合同：
□是否了解有关工程建设行业的格式合同
13. 争端解决机构和机制：
□是否了解了适宜的市场国的争端解决机构和机制
考虑上述调研事项的专业性，应请当地法律顾问或执业律师协助进行调研

总之，市场调研的作用主要有三个方面：一是为下一步投标报价阶段的合同审查和法律风险评估以及提交投标偏离奠定基础，特别是针对合同条件的偏离奠定一定的法律分析和评价基础；二是为投标策略和报价奠定一定的价格基础（包括税费、不可预见费或风险费、当地分包价格和设备材料价格）和风险分析提供了法律依据；三是为投标主体的合法性和执行项目的合法身份的取得以及后续的合法经营提供了一定的法律保证和依据。

2. 设立合法经营主体。在伊朗承揽工程项目，需要在当地设立合法经营主体。外国公司可以根据自身的经营策略和意愿选择合适的注册形式。本书的其他章节已经介绍了伊朗法律允许的公司注册形式，根据伊朗《商法典》，最常见的公司注册形式是私有股份公司，公开合股公司和有限责任公司。此外，外国公司还可以在伊朗设立非独立法人的代表处或者分公司。

以承揽 EPC 工程为例，通常而言，外国公司在伊朗设立代表处或者分公司便具备承揽 EPC 项目的经营主体资格。然而出于项目成本或者执行便利等目的，外国公司也可设立法人型法律实体。例如，拟在伊朗承揽某 EPC 工程项目的 A 中资公司，为享受税收优惠，首先在伊朗自贸区基什岛（Kish Island）注册一家有限责任公司，随后又以该基什岛有限责任公司的名义在德黑兰注册了德黑兰分公司，从而享受了在伊朗执行陆上工程项目（Onshore Project）的相关税收优惠。

完成合法的经营主体的设立注册后，还需在当地取得税号。这些筹备工作为下一步投标报价的可操作性提供了保障。

（二）投标报价阶段

通过前期的市场调研确定拟参与的工程项目后，若项目启动招标，或者项目业主拟与潜在的承包商议标，则公司应根据项目的特点成立专门的投标团队。投标团队除需完成投标任务外，还要进行后续谈判签约工作。团队成员分工应当明确：商务人员进行商务标的编制，技术人员进行技术标的编制，同时需共同对招标文件中附带的合同文件进行详细的评审，形成投标偏离，并通过报价评估和技术分析后形成正式的投标文件提交业主。

公司在将工程项目的投标文件递交业主后，应按时参加开标，并等待业主公布评标结果和授标意见。

业主发出中标通知后，一般会与中标人立即开展合同谈判。在与业主进行谈判前，公司通常会草拟一份详细的谈判计划，包括参加谈判的人员构成、谈判要点、谈判底线、我方所能做出的让步条件等。公司通常会选派一支经验丰富的谈判队伍组成谈判小组，除设计、采购和施工方面的专家外，还可以根据情况选择财务和法律方面的专家，以便在谈判涉及相关内容时获得专业意见。

合同谈判基本完成后，需要进行工程承包合同的内容审定。合同内容审定主要依据招标文件、投标文件、与业主的往来澄清与谈判纪要等，以确定最终的合同文件完整、准确、无矛盾冲突规定等。合同内容审定完成后，双方签署合同协议。

投标报价阶段需要注意的事项主要包括：

1. 应该特别重视在研读招标文件发现的各类问题。有些问题需要及时解决，例如总价包干合同中工程量表漏项或某些工程量偏少，或某些表述含糊不清，这些问题必须在投标过程中及时质询业主，书面澄清。有些问题则需要提出有针对性的偏离意见，例如某些合同条件或规范要求过于苛刻或不合理，为修改这些不合理的规定，投标人需要提出合同偏离的事项，以避免在合同履行中造成障碍。

2. 如有必要，与相关实体签订标前合作协议或联合体协议。

3. 在此前调研的基础上，安排专人或聘请当地律师深入研究伊朗相关法律和规定并出具意见和建议。

4. 做好合同的分析研究和对策工作，具体包括：合同法律基础—合同的合法性（合同当事人主体资格包括联合体另一方的合法性、是否获得当地注册或获得许可、工程项目是否已具备招标投标、签订和实施的条件、招投标过程是否符合法定程序、合同条款是否符合法律规定、合同是否具备生效条件）、合同完备性分析（合同文件的完备性和合同条款的完备性，合同的完备性与采用的合同类型和适用的合同文本相关）、合同双方责任和权利及其关系分析、（由合同条款明确规定，或默示的，或由合同条款引导出来的）、合同条款之间的联系分析（通过内在联系分析可以看出合同中条款的缺陷、不足之处和逻辑上的矛盾等）、合同实施的后果分析（违约所带来的法律责任等）。

（三）项目执行阶段

项目执行阶段包括两个部分，即项目施工阶段、试运与竣工验收阶段。

1. 项目施工阶段。承包合同订立后，承包商依据业主的指令进入现场开始施工。一般而言，业主会聘用监理公司帮助业主处理项目现场的协调与管理工作。承包商在施工阶段必须保障项目主要目标的实现，即质量、成本和工期。如果承包商是与政府订立的承包合同，那么根据伊朗《政府合同总则》（General Provision of Governmental Contracts）的规定，政府一方将任命监理工程师在施工全过程实施质量监督。承揽伊朗政府的 EPC 项目，承包商还要取得伊朗劳工部颁发的“承包商安全能力许可证”，以期最大限度地保证工作地的安全并尽可能减少事故的发生。如果承揽的项目所在地位于伊朗工业园区之外，承包商还需要向伊朗环保部申请环保证书。总之在整个项目执行过程中，项目施工阶段的工作量巨大，耗时最长，项目管理的难度也最大。

2. 试运与竣工验收阶段。工程项目的基本建设工作完成后，需要进行临时验收和工程移交，生产性项目还需要进行试生产。为确保工程质量，临时验收后，承包商还要依据合同要求承担一定期限的质保责任（通常为一年）。如果在质保期限内发现工程缺陷，承包商有义务修复缺陷，并根据合同约定延长缺陷部分的质保期限（一般是修复完成后的一年）。质保期满后，业主将向承包商颁发最终验收证书。承包商承担的施工任务到此结束。

（四）项目关闭

项目的施工任务的结束，并不代表承包合同的终止和关闭。最后，业主和承包商需要就合同的未尽事宜进行协商处理，待未尽事宜全部处理完毕后，合同才能终止，项目可以正式关闭。

进行项目关闭的时候，承包商一般会对照项目合同关闭检查清单，认真梳理有关合同义务的履行、合同权利的行使和法律责任解除等方面的内容。随后，承包商应根据梳理的结果，逐项处理相关未尽事宜，并确保没有漏项。具体合同关闭检查内容参见表4－2。

表4－2　　某中资单位在伊朗执行项目的合同关闭检查清单

一、合同义务的履行方面
□是否完成工作消项清单所列所有剩余尾项工作，若否，原因；
□是否完成质保期内的缺陷修复工作，若否，原因；
□是否向业主签发最终付款证明（如要求），若否，原因；
□是否向业主签发最终责任解除证明（如要求），若否，原因；
□工程项目合同要求的其他合同义务；
□是否完成相关保险投保工作（如要求），若否，原因。
二、合同权利的行使方面
□是否就所有变更索赔事项向业主提出请求并与业主达成一致，若否，原因；
□是否请求业主签发最终验收证书，若否，原因；
□是否请求业主释放履约保函、保留金保函或保留金（根据合同具体要求），若否，原因；
□是否请求业主释放剩余合同款项，若否，原因；
□工程项目合同赋予的其他合同权利。
三、法律责任的解除方面
□是否所有与工程项目合同有关的争议（诉讼及非诉）均已处理完毕，若否，原因；
□是否已在该国税务部门获得完税证明，若否，原因；
□是否已在该国海关部门消清工程临时进口施工机械设备记录或办理临时施工机械设备不能按期出口的合法手续，若否，原因；
□是否已在该国劳务部门消清人员劳动许可记录，若否，原因；
□项目所在国法律要求承担的其他责任。

特别提示：在伊朗进行项目关闭时，要注意社会保险的清缴。

第二节　伊朗工程承包相关法律及基本内容

一、伊朗工程承包的相关法律

工程承包的主要内容包括设计、采购、施工、试运行等，BOT、EPCF 等项目还涉及金融领域。中国公司在伊朗承揽工程项目，必然属于跨境实施，由此还会辐射国际劳务输出、技术服务输出、国际担保等众多行业领域。基于上述分析，伊朗工程承包涉及的相关法律主要包括：

（一）确立承包方式的法律

如本章第一节所述伊朗《民法典》《外国投资鼓励与保护法》确立了在伊朗承揽工程的方式。

（二）设立法律实体的立法

伊朗《商法典》规定了在伊朗可以注册的法律实体的形式和具体要求。

（三）关于财税的法律

伊朗《直接税法》对财产税、所得税等进行工程承包所涉及的主要税种的征缴比例、适用范围等作出了明确的规定。

（四）关于劳工的法律

伊朗《劳工法》对劳动权利、劳动合同、工作条件、妇女和青少年工作条例、劳动保护、培训就业等方面作出了详细的规定。

（五）关于当地化的法律

伊朗《最大限度利用本地商品与服务法》于2012年颁布，并取代了原1997年有关当地成分的立法。这部法律继续要求对伊朗当地的承包商、供应商等给予优惠政策。根据该法律，工程承包合同工作内容的51%需要由当地承包商完成。

（六）关于招投标的法律

新的伊朗《招投标法》（Tenders Act）于2004年4月13日获得伊朗议会通过，并在2005年2月10日由总统签发。该法取代了此前关于公共采购和招投标程序的相关立法。

二、伊朗有关工程承包法律基本内容

鉴于本书的其他章节已经对工程承包涉及的法律，诸如公司设立、劳工、财税等法律进行介绍，本章不再赘述。此处仅介绍与工程承包紧密相关的伊朗《招投标法》。

《招投标法》的主要目的是规范伊朗公共采购（Public Procurement）。公共采购是伊朗经济活动中极为重要的组成部分。

在伊朗，所谓“公共采购”是一个很宽泛的概念，即由公共部门（政府部门、政府组织、国有企业等国有实体）主持或牵头的租赁、购买商品、服务等，或者以合同形式完成其他工作的，都属于公共采购活动。实践中，外国承包商承揽的工程项目的业主也多为伊朗政府或者伊朗国有企业。所以，了解并熟悉伊朗《招投标法》的基本内容，对于在伊朗承揽政府工程项目是非常重要的。

伊朗《招投标法》共4部分，30个条款，主要内容如下：[①]

（一）立法目的

伊朗《招投标法》旨在促进竞争，提高透明度，打击腐败，并建立一套统一的规则以适用于政府公共实体或者国有企业开展的各类公共采购活动。

（二）适用范围

伊朗《招投标法》适用于伊朗的行政、司法以及立法机关，包括政府所有的部委，政府组织、机构和公司，国家附属的盈利机构，国有银行和信用机构，国有保险公司，受益于国家预算的非政府组织和机构，监督委员会，以及国有组织和企业，如伊朗国家石油公司（NIOC），伊朗国家天然气公司（NIGC），伊朗国家石化工业公司（NPC），伊朗工业发展和革新组织（IDRO），伊朗伊斯兰共和国港口和航运组织（PSO），伊朗矿产及矿业开发和革新组织，伊朗伊斯兰共和国广播组织（IRIB）以及它们的关联单位等。但伊朗《招投标法》不适用于武装部队。

① Cyrus Omron International PJSC, “Business Guide to The Islamic Republic of Iran”, http://www.irexpo.net/document/business_guide_to_the_islamic_republic_of_iran.pdf (last visited October 11, 2017).

（三）基于价格门槛的交易分类

《招投标法》界定了三种交易类型，即“小型交易”，最高价格为2 000欧元的交易；“中型交易”，最高价格为20 000欧元的交易；“大型交易”，超过20 000欧元的交易。这三类交易的门槛价格由伊朗内阁逐年进行调整，调整的依据是伊朗中央银行公布的商品及服务价格指数。

对于小型交易，无须进行招标。相关国有采购方可以自行调研并与“高品质”、“价最低”的供应商直接订立合同。

对于中型交易，也不需要进行招标，但是相关国有采购方应当至少在三份报价中选择最低价格的高品质供应商。

关于大型交易，授予合同则需要通过招标形式（公开招标或者限制性招标）。例外情形必须经过招标手续豁免委员会（the Tender Formalities Exemption Board）的批准才可施行。

（四）招标类型的划分

根据招标阶段来划分，招标类型可分为“一步法招标”（one-stage tender）和“两步法招标”（two-stage tender）。所谓“一步法招标”是指招标过程不需要单独评审技术标和商务标并通过对它们的比较得出招标结果；而“两步法招标”则是要单独评价技术标和商务标，并相应地建立评标委员会。

根据对投标人的邀请方式来划分，招标类型可分为“公开招标”（Public Tender）和“限制性招标”（Limited Tender）。采用“公开招标”的形式，一般会通过公告的方式将招标信息告知所有潜在的投标人，而“限制性招标”只会向适格的投标人（一般是已经通过资格预审的潜在承包商）发出招标邀请。

（五）招标委员会（the Tender Commission）

一切有关招标的事宜，例如评标、授标、废标或者重新招标等，皆由招标委员会负责。招标委员会的组成人员包括：（1）相关政府采购方的负责人；（2）审计官或者财务经理；（3）技术经理。

（六）招标程序

招标程序包括以下步骤：

1. 确认采购的财政资源可以满足需求；
2. 决定采取的招标类型（“一步法”或者“两步法”招标，公开或限制性招标）；
3. 准备招标文件并发标；
4. 如有必要，对投标人进行资格审查；
5. 开标；
6. 评标；
7. 确定中标对象并签署合同。

（七）投标人的资格审查

在某些情况下，相关政府采购方有必要对准备参加投标的主体的财务、经济和技术能力等进行资格预审。

对投标人的资格预审需要注意以下几点：

1. 商品和服务的质量保证；
2. 相关业绩和专有技术；
3. 良好的声誉；
4. 具备必要的专业资质证书；

5. 具备执行项目的财务能力。

（八）招标文件

招标文件应当包含下列内容：

1. 国有采购方的名称和地址；
2. 投标保函的类型和金额；
3. 接收标书、提交标书和开标的地点、时间和截止期限；
4. 预付款保函和履约保函的金额；
5. 标书的有效期；
6. 工作范围；
7. 技术/商务规范，商品和服务的类型、数量及质量；
8. 完工或交付商品的时间表；
9. 投标人资格审查的标准和方式；
10. 提交标书的方式和截止日期，标书的拷贝数量；
11. 合同草本，包括协议书、通用条款、特别条款和附件；会议纪要和解释；其他相关文件。

向所有投标人发放的招标文件应当相同。

（九）标书（投标文件）的提交方式

除非招标文件另有规定，每一名投标人仅可提交一套标书。投标人提交的标书应当分别装入三个密封的信封：信封（A）装入投标保函；信封（B）装入技术/商务标书；信封（C）装入报价。三个信封随后应按次序装入一个妥善密封的信封中。

（十）技术/商务评标

在“两步法”招标中，业主应该根据招标文件中规定的标准和方式，对投标人的资质和技术/商务标书进行评审，并相应地宣布评审结果。如果招标要求评价技术/商务标，那么将由技术—商务委员会负责评标，并在招标委员会规定的期限内向其报告评标结果。相应地，若标书达到技术/商务的评分要求的，则投标人的报价（信封C）应当开封。任何技术/商务评价只能在开启报价的信封前进行。那些不满足技术/商务评分标准的投标人，其报价信封将被退还并不予开启。

（十一）财务评估和评标结果

提供最优价格的投标人应当被确定为排名第一，排名第二的投标人的报价与第一名报价差额应小于投标保函的金额。招标文件中应详细规定财务评估的方法，以及技术、商务评标对报价的影响。启封报价并且宣布竞标排名前两位的投标人后，其他投标人的投标保函将被释放，但排名前两位的投标保函仍将保留。

（十二）国内投标人的优待

在国际招标中，国内投标人享受额外优惠条件，招标文件中将对此做出具体规定。

（十三）授予合同

合同一般应当授予排名第一的投标人，且业主应于标书有效期届满前与之签订合同。依据招标文件的相关规定，投标有效期最多延长一次。业主与排名第一的投标人订立合同后，排名第二的投标人的投标保函将被释放。若排名第一的投标人未能提供履约保函和按期订立合同，则其投标保函将被没收，而合同会授予排名第二的投标人。若排名第二的投标人亦未能提供履约保函和按期订立合同，则其投标保函将被没收，且本次招标作废，招标将重新进行。

（十四）重新招标和取消招标

重新招标包括以下情形：

1. 参加投标的人数不满足招标文件规定的最低人数；
2. 评标结果排名前两位的投标人都被禁止订立合同；
3. 标书的有效期届满；
4. 报价过高，且经过经济评价认定该项目不可行；
5. 投诉调查委员会（the Complaints Investigation Board）裁决重新招标。

取消招标包括以下情形：

1. 原定的招标需求已不存在；
2. 招标文件发生了实质性变更，以致招标性质发生了变化；
3. 不可抗力；
4. 招标委员会与投标人串通；
5. 投诉调查委员会裁决取消招标。

业主应当将重新招标或取消招标的情况通知所有投标人。

（十五）招标异议的调查程序

任何投标人若认为《招投标法》的规定在招投标过程中未被遵守和执行的，则有权向国有采购方的最高权力机关提出投诉。国有实体有义务在接到投诉的15个工作日内进行调查。若投诉被认定有效，则该国有实体应根据相关规定采取必要恰当的措施。若投诉被认定无效，则应在规定的期限内通知投诉方。如果投诉方不接受该结果，那么投诉调查委员会应对该异议进行复议并在15天内宣布其最终的决定。

投诉调查委员会建立的目的是为了对国有采购方和投标人之间的争议进行听证。该委员会有责任对任何违反《招投标法》的投诉进行听证。如果委员会认定招投标过程中存在违反了《招投标法》的情形，则委员会有权下令重新招标或者废止已经进行的招标。委员会无权调查的投诉包括：针对评标标准和方式提出的投诉；针对伊朗国内投标人的优待问题提出的投诉；超过标书有效期一个月后提出的投诉以及招标项目的合同缔结后提出的投诉。

（十六）豁免招标的采购

如果经政府采购方评估认定举行招标并不可行，且经招标豁免委员会审批同意的，政府采购方可以采取招标以外的方式实施交易。中央政府一级的招标豁免委员会，其组成成员通常包括相关的主管经济事务的副部长，或者政府组织内类似的副职，相关的审计官员或类似职位的人员，被相关政府组织最高首长任命的专家等。国有企业一级的招标豁免委员会，其组成成员通常包括负责管理经营的董事或者是最高执行董事，公司大会或者高级委员会推举的代表，公司的审计官或财务经理等。

若要执行一项超过“小型交易”额50倍的豁免招标采购，需要经过招标豁免委员会三名成员的同意，以及与该项采购相关的部委部长或者政府组织最高首长或者国有企业董事会的同意。

若要执行一项超过“小型交易”额200倍的豁免招标采购，不仅要经招标豁免委员会三名成员的同意，还要等到第三个“五年计划”末且通过经济委员会的批准。除此之外，还需要另一个委员会的批准，这个委员会的组成成员包括管理和规划组织的首长、经济事务及财政部部长，以及相关拟执行该项采购的政府采购方的最高权力机关。

（十七）不需要招标的采购

下列采购可以不进行招标：

1. 出于相关部委或国有采购方的最高权力机关的责任，商品、服务和专利经认定是不可替代的；

2. 出于相关部委或国有采购方的最高权力机关的责任，且依据相关执业司法专家小组或者专业技术专家小组的意见，购买或租赁不动产的；

3. 根据法定价格的规定，购买动产、不动产以及服务的；

4. 出于对国家利益的考虑和相关部委或国有采购方的最高权力机关的责任，为了维持生产而非扩建生产装置，采购相关机械设备以替换和维修原有的机械设备的；

5. 购买咨询服务的，包括工程咨询和技术、商务咨询（包括研究、设计、项目管理与执行和监理等），以及其他咨询和专业服务；

6. 出于对国家利益的考虑和相关部委或国有采购方的最高权力机关的责任，类似文化和艺术、教育和体育等不可能通过招标形式采购的服务；

7. 购买备件用以替换和完善既存的工具、设备、机械和其他工具，精密测量仪器和科学实验室设备的，以及其他类似的经最高行政机关认定不可能实施招标程序的采购；

8. 出于国家利益的考虑和内阁的意见，有关秘密交易的活动；

9. 因执行司法裁判而购买股权和债权的。

特别提示：尽管《招投标法》规定国有实体在采购商品、工作和服务时，一旦超过法律设定的门槛价格，应当采取招标的形式。但允许在很多情形下不招标实施采购，而个别条款措辞模糊，有意方便国有实体在采购时规避招标。

第三节　伊朗工程承包的法律风险与防范

一、招投标环节中的法律风险与防范

（一）法律风险

1. 市场资源采购风险。受到国际制裁的影响，本地市场资源的短缺，在设备材料采购过程中，难以找到符合资格的供货商，导致很多设备材料需要从海外或者中国采购，这大大增加了投标报价的难度。同时，随着伊朗国内物价上涨及进口成本的增加，导致在伊朗项目所需物资、服务成本超出项目初期投标的预计成本，最终将导致合同实际执行成本远超预期。

2. 法律法规政策变化变更。伊朗的大型项目基本由政府或者其他国有实体主导的，这类政府项目开发时间长，而且往往是先订立合同，再报批立项。这意味着从项目合同缔约到项目建设实施，可能要花费数年的时间。在此期间如果伊朗的法律、法规发生变化，甚至出台新的行政指令等，可能会影响项目的实施进度，导致成本增加，严重情况下甚至无法履约。例如近些年增值税以每年 1% 的增幅从 5% 增长到 9%，这给招投标项目的实施结果造成不确定性。

3. 当地成分。为了鼓励最大限度地利用伊朗当地的设计、施工、制造等资源，法律规定工程承包合同额的 51% 要在伊朗当地采购。

例如，A 中资公司和伊朗某国有公司签订的项目合同中对最大限度地利用当地制造服务资源作了明确的规定。合同中规定 A 公司的分包商要在其标书中最大限度地体现和利用伊朗当地资源的份额，并对已经同意的伊朗当地份额负有合同义务。国际承包商的技术标书和商务标书中也要包括伊朗当地份额计划，利用伊朗当地分包商的计划，伊朗当地雇员的雇佣和培训计划，伊朗当地设备和材料利用计划，以及技术转让等内容。该项目合同还规定了如果当地成分份额没有达到 51% 或者超过 51% 处罚和奖励条款，对低于 51% 的，按照低于 51% 合同额部分的 5% 进行罚款，对超过 51% 的，按照高于 51% 的合同额部分的 5% 进行奖励。

（二）防范措施

在伊朗进行工程承包，应当在项目可研时就建立风险防范机制，并贯穿于全过程。

1. 仔细研究标讯（招标信息）。标讯会透露项目的基本的、重要的信息，如业主、项目地点、规模、投融资方式以及所采用的核心技术要求等。收到标讯后，应首先开展两项工作：对业主进行调查，侧重业主自身实力特别是资金实力、国内国际的信誉、所运营的其他项目情况等；对标讯中的项目能否承接做出决策。

2. 细致研究招标文件。业主的招标文件是编制投标书的主要依据，在某些情况下甚至是唯一的依据。因此，一定要研究吃透业主的招标书，弄清下列要素：

（1）工作范围。准确界定工作范围和工作量，是提出有竞争力报价的前提。针对招投标阶段有关市场价格的不确定因素，承包商可以在商务标书中引入调价公式，并提出调价条款等合同偏离。

（2）工期。招标文件中要求的工期，必须无条件满足，还要根据总工期编制出详细完工里程碑，尽量使业主满意。

（3）合同支付使用的币种、汇率及付款条件等。尤其要弄清分期付款比例和制约措施。业主往往根据承包商的完成工程量而决定分期付款的比例并规定了延期罚款的一些具体措施。

（4）海关、税收、劳动力许可证等各项取费标准。

（5）适用法律情况。对于潜在的法律变更风险，承包商有必要在标书中提出偏离意见。对此，可以借鉴 FIDIC 等合同条件中关于法律变更条款的设置，要求在标书有效期届满后或者合同生效后发生的法律变更，由此影响承包商履行合同规定的义务时，合同价格应考虑对法律变更因素导致的任何费用变化进行调整。

特别提示：在伊朗工程承包的实践中，如果外国承包商与当地公司签署合同，然后再由该当地公司寻找的资源也可以算作当地份额。因此，寻找合适的当地合作伙伴是满足当地化比例的关键。

二、项目融资中的法律风险与防范

（一）法律风险

1. 融资成本。伊朗的融资成本高。伊朗的银行部门皆为国有商业银行垄断，资本市场发展滞后，导致当地融资成本高。伊朗国内中小企业和外国企业很难在当地获得融资，到伊朗从事工程承包及投资的企业必须提供融资方案。据统计，在伊朗进行商业活动前五位的障碍分别是融资困难、政策不稳定、通胀严重、政府效率低下及基础设置差，其中融资困难排在首位。[①]

2. 融资渠道。伊朗的融资渠道窄。伊朗长期受西方制裁，西方金融机构为伊朗项目提供融资的机会微乎其微。特别是美国在特朗普执政后，美国对伊朗的关系面临更多的不确定性，未来对伊朗的金融制裁还有重置的可能。伊朗本身的伊斯兰银行体系与传统银行体系有很大的差别，如前所述，通过伊朗金融机构获得贷款的困难很大。作为一直以来支持伊朗经济发展的中国，受西方制裁影响，与伊朗之间的金融合作也非常有限。例如，2012年后，中国建设银行等商业银行停止了与伊朗相关的业务。中国国内直接对伊朗开展贸易结算业务的只有昆仑银行，但昆仑银行为此受到美国制裁，只能放弃其他国际业务。[②]

（二）防范措施

在“一带一路”框架下，鼓励中伊双方互设金融分支机构。两国金融分支机构的互设不仅能服务于本国企业的海外经营，也可为对方国家引入新的金融服务和产品，更好地满足贸易相关的融资需求，弥补当地金融服务缺口，相互借鉴，相互补充，共同提升金融服务水平。

拓宽融资方式。中国进出口银行、国家开发银行等政策性银行可与伊朗商业银行合作为伊朗项目提供融资，为中伊贸易提供担保，并为在伊朗和第三国开展业务的中伊企业提供融资协议；既可以单独融资，也可以在大型项目上联合国内商业银行进行银团融资；还可以展开优惠贷款，援助贷款以及开发性金融服务。中伊“一带一路”建设项目资金需求大、期限长，银团贷款可以充分发挥金融整体功能，更好地满足大型企业和重大项目的融

① 姜英梅：《中国—伊朗金融合作研究与展望——基于“一带一路”的视角》，载于《国际经济合作》2017 年第 5 期，第 22 页。

② 姜英梅：《中国—伊朗金融合作研究与展望——基于“一带一路”的视角》，载于《国际经济合作》2017 年第 5 期，第 23 页。

资需求，同时有助于分散风险，具有很大的发展空间。中伊之间的石油、天然气及矿业合作项目由于具有可预期的现金流作为还款保障，可以通过项目融资的方式获得资金。国内金融机构也可以与西方金融机构以及区域和国际性金融机构开展合作，如亚投行、亚洲开发银行、伊斯兰开发银行以及世界银行，共同为伊朗大型项目解决融资难的问题。[①]

三、工程合同中的法律风险与防范

（一）法律风险

1. 合同变更及索赔的障碍。伊朗的业主往往通过合同条款设置变更索赔障碍，例如前述的承包商提出的调价公式、调价条款和法律变更条款等，业主在合同商谈和订立阶段均可能拒绝，将不确定的风险都转移给承包商承担。此外，业主一般会在合同中保留任意处置权，但约定因行使这项权利而给承包商带来的损失后果的赔偿条款，往往轻描淡写，甚至有意模糊处理。这些都会使得承包商在后续的变更索赔中难以得到合理的赔偿或补偿。

2. 社会保险费的清缴。伊朗社会保险组织（Social Security Organization，SSO）是收缴社会保险费的政府组织。伊朗社保费用包括个人社会保险费用和合同社会保险费用。

个人社会保险费用与各国的社保缴纳形式类似，《社会保险法》规定，伊朗籍的当地雇员要把个人工资的7%缴纳社会保险，另外承包商还要为该雇员另外再缴纳相当于其工资的23%

① 姜英梅：《中国—伊朗金融合作研究与展望——基于“一带一路”的视角》，载于《国际经济合作》2017年第5期，第24～25页。

的社会保险，属于当地雇员个人缴纳的7%部分一般也是由承包商代扣代缴，上述社会保险金每月要交到当地社会保险机构。如果非伊朗国籍的员工能证明自己已在其他国家社会保险系统的覆盖之下，且经伊朗驻该国领事馆公证、认证，可以免交伊朗个人社保费用。但执行过程中，免交绝非易事。

合同社会保险费用是指，所有伊朗境内开展的服务，要缴纳合同额7.78%～16.67%的合同社保费用。业主在承包商的每笔发票付款时，须扣留发票金额的5%，直至累计扣留金额达到最后一笔发票的全额。合同结束后，承包商凭社会保险机构签发的社会保险缴纳证明原件向业主申请释放之前扣留款项。承包商必须在工程结束后的一年内从当地社会保险机构拿到社会保险清缴证明，否则业主必须在一年到期时将预扣的5%和扣押的最终的一张发票的金额全部上缴当地的社会保险机构。即便如此，承包商在该项目的社会保险责任仍没有解除，一旦证明承包商在履行社会保险责任时有不当之处，当地社保机构会继续追究承包商的责任，并可能会对承包商进行重罚或可采取冻结账户等极端的措施。

综上所述，伊朗社会保险的费用是一项不可避免的成本，非伊朗籍雇员，特别是中方雇员在伊朗工作时也很难享受到免征社会保险费用，这无疑又增加了一部分成本。对承包商的社会保险责任的履行要求也是环环相扣，稍有不慎，就会因此导致项目利润损失或者项目执行失败。

3. 联合体协议的执行。伊朗对本国承包商一直采取优惠和扶持的政策，因此对外国承包商而言，若要在伊朗承揽大型工程项目，则必须要和当地的承包商组成联合体或者成立合资公司，才有希望中标。然而在执行与当地合作伙伴的联合体协议过程中，往往存在当地合作伙伴的履约能力不足、组织协调不力或联合体伙伴之间的合作分歧，给项目正常实施造成很多不利的影响。例如，某中资承包商当地的联合体伙伴负责承担土建等施工工作，作为伊朗本地企业，其与伊朗方业主存在“隐形关系”，导致联合体协议对其约束力低。实施期间因该当地联合体伙伴配套资金不足，人员配备不到位等，又导致相关后续工作不能顺利开展，延误了工程进度。

4. 标准及规范的差异。伊朗各行业均有本国的技术规范，但有些并不完善，与中国标准的差异也很明显。如果在合同中采用伊朗本国的技术规范，那么则加大了外国承包商的执行难度，很容易在项目实施过程中发生分歧。如果在合同中明确采用中国标准，而伊朗的监理公司对中国的标准也不熟悉，在一些技术问题的审核上往往花费较多的时间用于解释，耽误施工进度。[①] 例如，在油气行业，国际上常用的是 API 标准，然而伊朗实行的 IPS 标准。相对于 API 标准，IPS 标准中很多是比较落后的。但是，若在标书中承诺使用 IPS 标准，就必须严格按相关的要求进行。

（二）防范措施

1. 重视和利用合同文本，防范风险。伊朗有悠久的商贸历史，伊朗商人逻辑思维缜密，合同意识强。承包商在订立合同时需要树立“底线意识”，对关键条款必须仔细甄别，防范风险。承包合同中一些重要的条款包括但不限于：保函、预付款、付款程序、工期罚款、性能保证、指定供货商、质保期、最高赔偿责任、变更、业主付款能力、保险要求等，都需要严肃对待，否则很容易掉入“合同陷阱”。另外，对于中国承包商而言，还可以利用自身能够提供融资方案等优势，获得较为有利的合同谈判地位。

2. 规范履行义务，强化收尾管理工作。社会保险费的清缴

① 李雅珍：《伊朗工程承包项目风险识别及对策》，载于《上海企业》2014 年第 7 期，第 55 页。

既是承包商的合同义务也是承包商的法定义务，一般而言，社会保险费的清缴主要集中在项目收尾阶段，能够妥善关闭合同是清缴社会保险费的关键条件。这就要求承包商不仅要在项目执行阶段严格遵守《社会保险法》的规定，按期缴纳员工个人社会保险费用，并对分包商的合同社会保险费依法按比例进行扣除，同时承包商还需要在合同收尾阶段与业主协商处理合同的未尽事宜，尽快完成项目的最终结算。

3. 做好应对预案，有备无患。对于当地合作伙伴普遍存在的履约不佳等问题，中国承包商除了在合作中尽可能协调外，还应当准备“后备计划”。因合作伙伴的原因导致施工进度滞后时，中国承包商应具备迅速引入有力的后备力量接替施工的能力，以确保工程进度。同时，还要注意在联合体协议中约定捆绑合作伙伴对于伊朗业主的连带责任，以及引入第三方接替的机制等风险控制条款。

4. 积极沟通，谋求共识共赢。合同中标准和规范的选择是保证项目执行的重要一环。中国承包商应当尽量避免通盘使用伊朗标准或者中国标准，可以选择引入彼此都熟悉的第三方标准，例如美标或者欧标，也可以选择在辅助工程或非关键路径的设备材料的选型上适用伊朗本国标准，而在主体工程或关键路径的设备材料的选型上适用共同熟悉的第三方标准。

四、工程建设中的法律风险与防范

（一）法律风险

1. 社会问题。在伊朗施工的高潮阶段，现场人员数量多，成分复杂，经常出现本地基础操作人员偷盗现象，再加上周边环境比较复杂，临近居民的偷盗现象也时有发生。新安装的设备，经常出现零配件丢失，被损坏的现象。社会治安环境差，盗窃行为频发对工程物资带来较大的安全隐患。

工程建设施工过程中当地居民可能对征地拆迁工作进行干扰。例如，某项目在施工过程中经常受到当地居民的阻挠，导致施工人员停工、机械设备闲置现象。同时，受多年制裁影响，伊朗国内经济文化水平及基础设施已非常落后，人民生活水平低，抢劫事件时有发生。因承包商不了解当地的宗教风俗习惯，或者因当地宗教节日、宗教活动较多，员工经常性的放假，导致工人短缺、有效工期严重不足等。与当地政府、劳工关系处理不当也会给工程建设带来风险，劳动合同纠纷、工人动辄罢工等现象时有发生。

2. 准入问题。

（1）进口准入。为了更好地监控商品进口，减少劣质商品进口，打击走私活动，伊朗贸易发展局、标准局和工业研发所于2011年签署合作协议，要求所有的进口商在进口商品之前，须提前申请该类进口商品的伊朗商品代码，以备按照伊朗商品代码标准检验进口商品。实践中，某项目一批货物到达伊朗阿巴斯港口才通知现场收货，由于申请进口商品代码需要约1个月的时间，因此货物到达现场再办理申请手续就会产生额外滞港费，甚至还有退运的风险。[①]

（2）人员准入。伊朗劳工法规定，雇佣一个外国雇员必须相应地雇佣三个伊朗当地人。伊朗社会保险机构是这项法规执行的监管机构，按照已经签发的国外雇员的工作许可证数量为基数乘以3来计算当地雇员的配额总数。如果不遵守该项规定，则在已经批准的国外雇员配额限制名额内，办理国外雇员工作许可或工作许可证延期时会遇到障碍。有的公司在当地招聘不到合适的

① 李雅珍：《伊朗工程承包项目风险识别及对策》，载于《上海企业》2014年第7期，第54页。

雇员或实际上不需要那么多员工时，甚至采用“空名额”的办法来满足该项规定，即给“吃空饷”的当地人员发放工资，并缴纳社会保险，而并不需要其上班或者从事实际工作。

3. 效率问题。伊朗大型项目的审批周期较长，预算审批需要流转多个政府部委，这类审批的周期最少要 1～2 年，甚至更长时间。这给项目承包带来资金链断裂的风险。

伊朗各部委之间协调难度大，导致项目审批效率不高。特别是伊朗总统换届期间，至少半年时间当地政府工作效率是极低的。伊朗总统更换期间，各部委的部长也同时更换。一些政府部委主导的项目的关键谈判也不得不随之中断。此前的谈判内容和成果都需要重新确定。①

由于文化或者宗教等因素的叠加，伊朗劳工的效率也十分低下。伊朗当地队伍往往存在施工进度滞后、质量差的问题，最后不得不由中国分包队伍接替施工，这样的例子比比皆是。

（二）防范措施

针对施工现场的社会安全风险，承包商必须做好社会安全风险防范和应急预案。面对偷盗等行径，在现场要做好巡查防护，遇到罢工等事件，冷静分析原因，快速疏导平息，避免矛盾升级。

中国承包商还要善于利用自己当地合作伙伴的优势，一方面鼓励当地合作伙伴雇佣现场附近的居民，另一方面要借助伙伴的优势协调伊朗政府各权力机构和伊方业主。不仅如此，伊朗合作伙伴在满足当地份额，以及破解准入难题等方面，也能发挥积极的作用。

虽然当地合作伙伴普遍存在施工能力不足等问题，但中国承

① 李雅珍：《伊朗工程承包项目风险识别及对策》，载于《上海企业》2014 年第 7 期，第 54～55 页。

包商应本着开放的心态和远大的格局，在合作中促进共同发展，在项目上实现互利共赢。

第四节　典型案例

以A中资工程公司承揽伊朗北阿扎德甘某建设项目（简称“B项目”）和南阿扎德甘另一投产项目（简称“N项目”）为例，简述项目执行期间发生的有关风险事件及有关处理措施。

一、B项目设计标准IPS版本问题争议造成详细设计滞后

FEED文件采用的设计标准与规范为IPS2006第三版/IPS2007第四版的标准以及所引用的同期国际标准与规范。但业主自详细设计开始就一直坚持要求采用IPS2010第五版最新版标注作为详细设计参照的标准。如果遵照要求可能潜在引起较大技术变更及成本影响，经过双方长时间的争论，2012年4月30日，业主同意回到FEED阶段的设计标准进行详细设计，虽然避免了引起技术重大调整，但是前期导致了21.6%的文件得不到批复，对设计进度造成了严重的影响。

二、B项目材质变更造成的设计滞后及成本影响

在FEED阶段，产出水及注水系统的管线及阀门的选材选用的都是通用做法，即管线及阀门阀体材质选用碳钢，系统考虑加

注缓释剂，同时适当提高管壁的腐蚀余量。详细设计进行过程中，由于伊朗 MISH 油田投产后产生严重腐蚀问题导致项目停产，业主以此为由要求全面改变产出水系统管线及阀门的材质，以提高系统的抗腐蚀性能。

由于上述改变材质的原因将造成一定的费用增加，虽然 A 公司提出了变更索赔申请，但业主需要最终确认此部分额外的费用，最终双方经过多轮谈判才达成一致意见。此外由于设计变更的确认耽误了大量的时间，对详细设计的进度造成了影响。

三、制裁影响

1. B 项目大罐材料 2014 年 4 月 17 日国内装船，中途因制裁原因在迪拜卸货，最终通过多方斡旋，于 2014 年 7 月 18 日抵达伊朗阿巴斯港，历时 3 个月，延误将近 2 个月时间。

2. 受欧美制裁因素的影响，采购欧美产品也遇到了相当大的困难。其中：液压切断阀、气动切断阀、气动控制阀的执行机构货源一直难以确定，由于货源品牌的不确定性，导致技术澄清耗时均在 3 个月以上，从而导致技术评标工作顺延。

3. 在支付当地无损检测分承包商的工程进度款时，因业主提供的国际收款账户所附信息暗示与伊朗有关，导致汇出资金被美国冻结；后建议分包商到中国开户，改为人民币付款，化解支付困境。

四、伊方业主临时变更

2013 年 11 月，伊朗业主突然要求 A 公司将使用中的清关代理公司换成项目公司的清关代理公司，导致 A 公司清关和运输工作不能按照合同正常执行。受此影响集输管线第二批、外输气管线第一批、普通无缝钢管第一批、不锈钢管及氮气撬共计6 090余吨货物已于2013年11月23日运抵BIK港，清关事宜于12月末才得到临时变通解决，延误至少20多天。

五、业主采购的设备不能按期到位

由于缺少业主采购的电脱盐器、高压压缩机组、TEG等甲供设备的用电负荷资料，导致动力电缆、环网柜、变压器、环网柜等物资采购项目的技术评标工作一直无法正常进行。尤其是变压器按照原电脱盐的技术方案于2013年8月10日就完成了技术评标，一直处于待关闭状态，直到2014年3月15日电脱盐方案确定后，经与供货商继续进行技术澄清和确认，于2014年3月26日才完成技术评标，导致变压器采购工作滞后7个月。

六、社会、政治风险影响

1. 联合体伙伴的当地员工因薪金或其他原因，现场发生停工2天。

2. 项目德黑兰雇佣的当地家政公司派到A公司驻地的工作人员，在办公室发生偷盗中方员工钱物事件。

3. 项目业主人员到当地城市阿瓦兹办事回程途中，发生当地人员对行驶汽车进行枪击事件，所幸未造成人员受伤。

4. 2014年8月10日，伊朗塞伯汉航空公司一架载有50人的客机在德黑兰梅赫拉巴德机场坠毁，该飞机计划从德黑兰飞往伊朗南部城市塔巴斯，有超过40人（全部为当地人）在事故中丧生。事件再次表明由于受西方制裁，伊朗航空飞机设备陈旧，航空安全风险较大。

5. 2016 年 1 月因宗教冲突事宜，伊朗部分宗教团体在沙特驻伊朗大使馆门前集会、游行，发生过激事件，造成沙特驻伊朗大使馆被伊朗宗教团体冲击，发生打砸、焚火事件。2016 年 1 月 4 日沙特宣布与伊朗断绝外交关系，加剧地区紧张形式。A 公司在德黑兰驻地与沙特大使馆毗邻，形势比较危险。随后，驻地办公室立即发布《德黑兰基地安全提示》，对外出中方人员进行风险提醒，尽量减少外出，避免发生意外事件。

6. 2014 年，由于 A 公司投资的 N 项目合同的终止，N 项目后续工程项目遥遥无期。

第五章

伊朗劳工法律制度

第一节　伊朗《劳工法》及基本内容

一、《劳工法》概述

伊朗第一部《劳工法》于1959年颁布实施，该法一直施行至1990年。

新《劳工法》于1989年9月24日由议会通过，共203项条款，121个附注项。议会和宪法监督委员会对其中76项条款进行了进一步斟酌，于1990年11月20日由制度事务审定机关最后通过。新《劳工法》于1990年12月30日由协调委员会正式公布（文号：GH/267/8840）施行。新《劳工法》非常注重保护雇员利益，但对雇主而言，劳动力管理成本则较高。新《劳工法》实施近30年来，主体内容一直未作变动，立法机关仅对某些条款进行过解释、阐述或补充说明，比如对外籍人员用工等作出了补充规定。

二、劳工法基本内容[①]

（一）劳工法适用范围

所有雇主、雇员、工厂、生产性雇主、工业雇主、服务性雇主和农业雇主都必须遵守《劳工法》。

《劳工法》所称“雇员”是按照雇主要求进行工作，并因此获得劳动报酬（包括报酬、工资、红利和其他补贴）的人。

《劳工法》所称“雇主”是指自然人或法人，雇员按照其要求进行工作并获得劳动报酬。一般来说，经理、管理人员以及任何受委托负责管理工作场所的人员均应被视为“雇主代表”。雇主应对雇主代表向雇员所做的所有承诺负责。如果雇主代表做出了超越其职权范围的承诺并且雇主不予认可，则该雇主代表应对雇主承担责任。

《劳工法》所称“工作场所”是指工业和农业雇主、矿业雇主、建筑工程、交通业、客运、服务、商业雇主和生产单位，或其他向公众开放的场所，以及所有属于工作场所的附属设施，雇员在上述这些场所根据雇主及雇主代表的要求开展工作。

受伊朗《公务员法》和其他专门劳动法律法规管辖的个人，以及在由雇主、其配偶和与其有一代血缘关系的直系亲属所组成的家庭工作场所内工作的人员不在《劳工法》管辖范围内。

在农业领域，从事果树和各类植树种植、森林、牧场、森林

① 本节部分内容参考：《中国石油天然气集团公司海外产油国法律汇编》（伊朗分册），2002 年版；伊朗劳动与社会事务部网站：《伊朗劳工法》，https：//www. mcls. gov. ir/en/what/labour；驻伊朗使馆经商处网站：《伊朗伊斯兰共和国劳工法》，2003 年 1 月 3 日，http：//ir. mofcom. gov. cn/article/ddfg/laogong/200301/20030100060783. shtml。

公园、动物繁殖、家禽生产和饲养、养蚕业、水产业、养蜂场等活动并从中获利的部门，由最高劳动委员会提议经内阁批准，可不受《劳工法》部分条款的限制。

对渔民、航空业（航空、陆地和海上）和国内航线的从业人员、家庭雇员、残疾人、全部或部分工资及收入依赖于顾客的雇员，以及那些轮流作业的雇员的工作时间、节假日和工资等的细则条款，应由最高劳动委员会制定并经政府内阁批准。如无专门之规定，则应受《劳工法》管辖。

（二）劳动合同

1. 劳动合同签订。劳动合同可采用书面或口头形式。除劳动双方认定的其他有关特殊事项外，劳动合同应当包括下列内容：工作类型、职业和职责、基本工资和福利、工作时间和节假日、工作地点、合同签订日期、合同期限（针对固定期限合同）、其他就业惯例等。书面的劳动合同应当一式四份，当地劳动与社会事务部门、雇员本人、雇主和伊斯兰劳工委员会各持一份。

劳动合同分为有固定期限的固定期限合同和无固定期限的长期合同。对于连续性工种，若劳动合同中未载明具体工作期限的，则视为无固定期限的长期合同。实践中，劳动合同类型还包括专门任务合同、试用合同和培训合同等。

劳动双方可协商确定试用期。在此期间，各方均有权终止劳动合同，不必事先通知对方，且不必赔偿损失。如果在此期间劳动关系由雇主提出终止，则其应向雇员支付整个试用期内的工资；如果劳动关系由雇员本人提出终止，则其仅有权获得工作期内的工资。

试用期的期限应当在劳动合同中明确。对于一般工人和半熟练工人，试用期限不得超过 1 个月。对于熟练工人和高水平的专业工人，试用期限不得超过3个月。

2. 劳动合同中止。若因以下原因导致劳动合同一方暂时无法履行合同义务，则劳动合同中止：因不可抗力或不可预测事件导致全部或部分工作场所关闭；雇员参加学习或其他形式的不带薪休假；雇员被拘留但未定罪；雇员义务服兵役等。待中止原因消除后，劳动合同继续生效，并应从之前的劳动记录日期继续算起。在上述情况下，如果雇主拒绝在合同中止状态结束后恢复雇员的工作，则雇主的行为应视为非法解雇员工（缺乏正当的理由），雇员有权在30天内向争议调查委员会申诉。如果雇主不能提供其不恢复雇员工作的合理理由，则根据争议调查委员会的指令，有义务恢复雇员的工作，并从雇员回到工作场所之日起支付工资。然而，如果雇主能够提供不恢复雇员工作的合理理由，雇主应当以雇员最后一次工资为标准针对雇员每1年工龄向雇员支付相当于其45天的工资。

3. 劳动合同终止。劳动合同终止的事由包括：雇员死亡、雇员退休、雇员完全丧失劳动能力、固定期限劳动合同期满且劳动双方未明示或暗示性表示要求续签劳动合同、劳动合同规定的专门任务已完成、雇员辞职、依据劳动合同规定条款解除合同、雇员停职并且雇员依据相关法律适用失业保险等。

若雇员准备辞职，则应向雇主递交书面的辞职申请并有义务继续在原岗位工作1个月。若雇员在递交书面辞职申请后15日内，书面申请撤回辞职申请的，其辞职申请可视为无效。

劳动合同终止后，所有根据劳动合同在合同期间应付的款项，均应支付给雇员。如果该雇员死亡，则应支付给其继承人。

如果劳动合同终止、定期工作完成或固定期限劳动合同期满，雇主应当为在某一工作岗位上工作了1年或以上的雇员支付退职金。该退职金数额应按最后1个月的工资标准，对雇员连续或间歇服务期内的每1年工龄向其支付1个月工资作为退职金。

如果雇员玩忽职守或经书面警告后继续违反工作场所的劳动纪律，雇主可在征得伊斯兰劳动委员会同意后与其终止劳动关系，并按雇员最后1个月的工资标准，对雇员每1年工龄向其支付1个月的工资作为退职金。

劳动合同终止后，雇主应根据雇员的要求，向雇员签发服务证书，该证书应包括服务开始时间和结束时间以及工作类型等。

4. 损害赔偿及退职金支付。如果根据争议解决委员会的判决，劳动合同中止是由雇主造成的，则该雇员有权获得该中止造成的损害赔偿金，并且雇主应当恢复雇员的工作。

如果劳动合同系因雇员完全丧失劳动能力或退休而终止，则雇主应按该雇员最后1个月的工资标准，针对其每1年工龄向其支付30天的工资。

如果因雇员的生理或心理功能减弱（经伊斯兰劳动委员会或雇员代表建议，由当地卫生机构医疗委员会评估认定）而导致劳动合同终止，雇主应按其最后1个月的工资标准，针对其每1年工龄向其发放2个月的工资。

（三）工作条件

1. 劳动报酬。《劳工法》规定，雇员的劳动报酬包括：工资、家庭补贴、住房补贴、副食补贴、交通补贴、非现金补助、超产奖、年终奖等。工资的计算形式有计时工资、计件工资和计时计件工资。

伊朗最高劳动委员会每年根据以下因素为全国各地区各行业的雇员确定其最低工资及工资组成内容，并在伊朗历每年年初公布：

（1）雇员最低工资额的确定应考虑到伊朗中央银行宣布的通货膨胀率；

（2）雇员最低工资额的确定不考虑雇员的体力、脑力的情况和所承接工作的特点，但必须能确保一个中等家庭人口（由官方机构宣布确认）的生活。

2. 工作时间。《劳工法》规定，雇员每日工作时间不超过8小时，每周不得超过44小时。对于重体力、危险性及地下作业，每日工作时间不得超过6小时，每周工作时间不得超过36小时。

雇主可安排雇员加班，但必须经雇员同意，并且，除正常的小时工资外，雇主还应向雇员支付其工资40%的加班费。雇员每天的加班时间不得超过4小时（在特殊情况下双方另有协商的除外）。禁止安排从事夜班工作、重体力、危险性和地下作业的雇员加班。

对于从事倒班和夜班工作的雇员，除正常工资外，雇主应向其支付其工资一定比例的补助。根据2017年伊朗最高劳动委员会的规定（每年的补贴金额会有变化），对于分时倒班的雇员，可获得工资总额10%、15%、22.5%不等的补贴，对于夜班（晚上10点至早上6点）雇员，可获得工资总额35%的补贴。

根据劳动合同或劳动双方达成的协议，雇主派遣雇员出差，雇员可享受出差补贴，出差补贴不应低于雇员每天的固定工资和基础工资，雇主还应提供交通工具或交通费（出差是指雇员赴距离自己工作单位至少50公里的地方工作，或者被迫在出差地滞留一晚上）。

3. 节假日。《劳工法》规定，每周五为休息日，雇员可享受带薪休息。值得注意的是，伊朗的每周休息日是带薪的，无论雇主采用每周1天休息日还是每周2天休息日。

除了其他法定节假日以外，5月1日也是雇员的法定节假日。

雇员工作满1年，可享受1个月的全额带薪年休假。若工作不满1年，则休假时间根据雇员实际工作时间依比例计算。对于从事重体力和危险性工作的雇员，其年休假应为5周。雇员累计到下一年度的年休假不得超过 9 天。

在雇员整个工作期间，其有权享有一次为期 1 个月的带薪休假或不带薪休假以便去麦加朝圣，休假具体日期由劳动者和雇主协商确定。从事季节性工作的雇员，其休假的天数应以其实际工作的月份数来决定。此外，若雇员结婚，或者其配偶、父母或子女死亡，则其有权享有 3 天的带薪事假。

4. 女性雇员工作条件。《劳工法》规定，禁止女性雇员从事危险、重体力及危害性的工作，同时禁止女性雇员在无机械设备的条件下从事超过法定负荷限度的搬运工作。

女性雇员的分娩期共计为 90 天，分娩后应至少享有 45 天的假期，多产的，还应增加 14 天假期。对于有女性雇员的工作场所，雇主应当允许女性雇员每 3 小时后有半小时时间哺喂其婴儿，直至孩子满 2 周岁为止。

5. 青少年工作条件。年龄在 15 ~ 18 周岁的雇员为青少年雇员，在参加工作之前必须通过医疗体检。针对青少年雇员进行的医疗体检应每年至少 1 次。青少年雇员的日工作时间应当比普通雇员的一般工作时间少半小时。禁止雇佣 15 周岁以下的未成年人工作。

禁止给青少年雇员安排任何类型的加班、夜班、重体力和危险性工作，也不允许在无机械设备的条件下安排其从事超过法定负荷限度的搬运工作。

如果根据工作和任务的性质或条件，某项工作或任务对于健康和正常的实习生和青少年雇员而言是危险的，则从事此类工作或任务的雇员的最小年龄应为 18 岁。

（四）劳动安全与健康

根据《劳工法》，所有的工作场所、雇主、雇员和培训人员均应遵守最高劳动安全委员会和健康医疗教育部所制定的指示。

若雇主计划建立新的工作场所或扩大现有的工作场所规模，则首先应将其施工计划、建设方案、劳动安全和卫生标准提交至劳动与社会事务部，由劳动与社会事务部对此进行审核和批准。劳动与社会事务部应在1个月内公布其审核意见。

雇主及其管理人员应在获得最高劳动安全委员会的批准后，为雇员工作环境提供必要的安全、健康和卫生设施，并负责对这些设施进行处置。雇主及其管理人员必须指导雇员对上述设施进行操作，并对安全及卫生法规的执行进行监督。上述人员同时还应维护上述安全及卫生设施，执行工作场所的相关规定。

如果雇员因所从事的工作而患病，雇主必须为每一位雇员建立医疗档案，让雇员每年在医疗和健康中心至少接受一次体检，并将体检结果存入档案。

雇主及其管理人员应执行劳动安全及劳动卫生法规和标准。如果因雇主或其管理人员不遵守上述相关规定而导致事故发生，则应对上述单位或其管理人员进行量刑，并依法对其进行处罚。

（五）劳动监察

劳动与社会事务部监察总署行使劳动监督检查的职责。

劳动监察员和劳动卫生专家在其职责范围内有权在不事先通知的情况下，随时进入有关雇主办公场所进行检查。如有必要，劳动监察员和劳动卫生专家可查阅该雇主的记录和资料，并取得全部或部分材料的复印件。劳动监察员如进入家庭工作场所进行检查，须事先获得当地检察官的书面许可。

所有劳动监察员和劳动卫生专家应持有一张由健康医疗教育部部长签署的特别证件。劳动监察员和劳动卫生专家在实施劳动监察时应佩戴该证件，并应在雇主管理人员要求时出示该证件。

如果雇主或其他人阻止劳动监察员和劳动卫生专家进入相关工作场所进行检查，或阻止其履行职责，或拒绝为其提供重要的信息和资料，则上述雇主或当事人均应受到相应的处罚。

如果劳动监察员或劳动卫生专家认为工作场所有可能发生事故或危险情况，上述人员应立即以书面形式通知雇主及其代表并向本部门负责人汇报。根据劳动与社会事务部以及健康医疗教育部的要求，当地检察机关（或法院）将立即发布执行令关闭全部或部分工作场所。只有在问题或隐患整改之后，相关部门方可发布解封命令。雇主应向因上述原因造成工作中止、在工作场所内的雇员支付关闭期间的工资。雇主如对劳动监察员或劳动卫生专家的报告有异议，或对于关闭工作场所的指令有异议，则可到法院起诉。法院应立即调查此事并公布调查结果。法院的裁决应为终局裁决，必须执行。

（六）培训与就业

在职雇员作为学徒在培训期间应享有以下待遇：雇员的劳动关系在培训期间不被终止，培训期应算作劳动记录的一部分；培训期间，雇员的工资不得低于其固定工资或基本工资；用于补偿雇员生活开支及家庭开支的有关津贴、资助和补助，在培训期间应继续享有。

接受培训的雇员应承担以下义务：接受培训，直至规定的培训期结束；定期参加培训课程；遵守培训部门的规章和条例，成功地完成培训课程；在完成培训课程后，回到同一工作场所工作的时间不少于培训期的 2 倍。如果学徒工在完成培训后想辞职，雇主可诉诸至争议解决部门，并按照学徒协议的规定要求赔偿。

除双方另有规定外，学徒协议的内容应当包括：双方义务；

学徒工年龄；学徒工工资；培训地点；应当接受培训的职业或技能；终止条款等。

（七）雇员组织与雇主组织

根据《劳工法》，在工业、农业、服务和行会部门工作的雇员都可以成立伊斯兰协会。伊斯兰协会可以在各省成立伊斯兰协会省级协调协会，在全国成立伊斯兰协会最高协调协会。

为执行伊朗宪法的规定、维护雇员和雇主的合法权益、改善雇员和雇主的经济环境，雇员和相关职业或行业的雇主可以成立行业协会。

此外，各产业部门的雇员还可成立住房合作协会和雇员消费（分配）合作协会等。退休雇员和管理人员可以分别成立县和省的退休工人和退休经理中心。

（八）集体协商与集体劳动合同

根据《劳工法》，集体协商的目的是为了预防和解决雇员的职业问题、改善雇员的生产条件或福利待遇。双方所提的要求应有正当的理由和文件支持。

集体劳动合同是一种为确定双方工作条件而达成的书面合同，合同的一方为一个或多个委员会、行业协会或雇员的合法代表，另一方则为一个或多个雇主或其合法代表。集体劳动合同也可以由雇员的和雇主的协会与其最高协会双方之间达成。

集体劳动合同只在下列情况下方可依法生效并实施：

1. 集体劳动合同所规定的劳动待遇不低于本法所规定的标准；

2. 与本国现行的法律、法规及政府法令不相抵触；

3. 合同内容与上述第 1 款和第 2 款不矛盾，并获得劳动与社会事务部的确认。

如果集体劳动合同规定了具体的劳动期限，则在此期限结束前，任何一方不得单方面对该劳动期限进行修改。对于特殊情况，应由劳动与社会事务部决定。

对于集体劳动合同签订前后与雇主达成的所有个人劳动合同，均受该集体劳动合同的约束，但是个人劳动合同所规定的劳动待遇高于集体劳动合同所规定的合同除外。

（九）雇员福利

《劳工法》规定，雇主应当依据《社会保障法》的要求为雇员办理保险。

雇主应当在工作区域为雇员日常祈祷提供适当的场所。同时，在斋月期间，雇主应与伊斯兰协会、伊斯兰劳动委员会或其他雇员合法代表合作，安排好工作时间和工作条件，以便工作时间不影响做礼拜，并安排专门时间用于祈祷、晚斋、晨斋。

雇主应为远离居住区、从事限期性特定工作的雇员提供适宜的、低价的用餐（早、中、晚餐），并至少有一顿是热餐。在此类工作场所，雇主还应根据季节、工作地点和工作期限为雇员提供适当的宿舍。如果工作场所偏远，公共交通不便，雇主应当为雇员提供适当的交通工具。

此外，《劳工法》还要求雇主应当为雇员建立进行体育活动的场所、卫生场所（浴室、厕所）、开设扫盲班等。

（十）劳动争议解决

因《劳工法》和其他劳动法律法规适用问题、培训合同、工作场所协议及集体劳动合同而引发的雇主与雇员之间的所有争议，应当首先通过雇主和雇员或雇员在伊斯兰劳动委员会的代表直接协商解决。如果工作场所未设立伊斯兰劳动委员会，则该争议可通过雇员协会或雇员的合法代表与雇主进行协商解决。如果双方无法达成一致意见，则该应当由争议调查委员会和争议解决委员会按下列程序进行调查和解决。

1. 劳动争议调查委员会。争议调查委员会包括以下人员：劳动与社会事务部的代表一名；由伊斯兰劳动委员会省级协调协会提名和指定的雇员代表一名；由雇主行业协会省级协会提名的雇主代表一名。

争议调查委员会的决定自做出之日起 15 日后生效。如果争议的任何一方对决定持有异议，则应在上述期限内向争议解决委员会提交书面异议书。争议解决委员会应随后做出裁决，争议解决委员会成员发表的意见应记录在案。

2. 劳动争议解决委员会。省级争议解决委员会应由伊斯兰劳动委员会省级协调协会或雇员行业协会或地区各单位雇员代表大会提名的三名雇员代表、地区各单位负责人选出的雇主代表三名，以及三名政府代表（劳动与社会事务部主管、当地省长和当地司法部门主任或他们的代表）组成，任期两年。

争议解决委员会应以书面形式通知争议各方，要求其出席听证会。任何一方或其全权代表的缺席均不影响争议调查的进行或该委员会裁决的发布，除非委员会认为双方必须出席。在此情况下，通知仅能再发送一次。无论如何，争议解决委员会应尽可能地在接受案件后 1 个月内完成案件审理和判决。

如有必要，争议解决委员会可邀请伊斯兰委员会、行业协会、生产部门、服务部门和农业部门的专家和官员参加，听取他们对争议案件的意见。

如果争议解决委员会认为辞退雇员是不合理的，则应当要求雇主恢复该雇员的工作，并向该雇员支付从辞退之日起计算的补偿金。如果辞退雇员是合理的，该雇员有权根据《劳工法》规定的比率按自己的工作年限获得退职金。如果雇员不愿意回到原雇主继续工作，则雇主应根据其劳动档案记录的工作年限向该雇员支付相当于每年 45 天工资的补偿。

由争议解决委员会所做出的最终裁决具有约束力，并由司法部的裁决执行部门予以执行。如果当事人不服上述裁决结果的，可向行政法院提起上诉。

（十一）最高劳动委员会

劳动与社会事务部内部将设立最高劳动委员会，最高劳动委员会的职能是行使《劳工法》和其他有关法律赋予的职责。该委员会成员包括：

1. 劳动与社会事务部部长应担任该委员会主席；

2. 两名由劳动与社会事务部部长推荐并经政府内阁批准的熟悉社会与经济领域事务的人员，其中一人应从最高工业委员会中选举产生；

3. 三名从雇主中选出的雇主代表（其中一人应来自农业领域）；

4. 三名由伊斯兰劳动委员会选举或推荐的雇员代表（其中一人应来自农业领域）。

上述成员任期两年，可连任。

最高劳动委员会应设立常务秘书处。常务秘书处在劳动、经济、社会和技术事务方面的专家应着手研究有关的劳动关系、工作环境和其他必要的信息，并将上述信息提交最高劳动委员会处理。最高劳动委员会秘书处设在劳动与社会事务部。

（十二）处罚和处分

对于违反《劳工法》相关规定的，将考虑违反者的情况和可能性、违反的程度对其处以拘留或罚款。

若因违法行为而导致雇员残疾或者死亡的，除上述处罚外，还要依情节对其进行额外惩处。

雇主必须为雇员缴纳社会保险。若雇主拒绝为雇员办理保险，除了要求其向雇员支付所有属于雇员的工资外，还要视情节轻重按保险费的2~10倍的金额处以罚款。

雇主强制雇员劳动的，除支付雇员劳动报酬和相关损失外，还将被判处91天到1年的拘留，或被处以相当于1名雇员最低日工资50~200倍的罚款。

对任何有下列违法雇佣外籍人员情形的雇主，将视实际情况、主观意图及违法程度，对其判处91~180天不等的监禁：雇佣的外籍人员没有工作签证或工作签证已过期；雇佣外籍人员实际工作岗位与工作签证限定的范围不符；终止与外籍人员的雇佣关系后未向劳动与社会事务部依法报告。

第二节　伊朗劳工管理有关法律[①]

一、伊朗籍雇员招聘与管理

（一）伊朗籍雇员招聘基本要求

招聘伊朗籍雇员必须严格遵守伊朗《劳工法》。外资企业招聘伊朗籍雇员须遵循当地政府规定的外籍雇员与伊朗籍雇员比例、本省与外省当地雇员比例等相关规定。伊朗籍雇员应满足的

① 本节部分内容参考：《伊朗伊斯兰共和国劳工法》；《伊朗直接税法》；驻伊朗使馆经商处网站：《伊朗最新涉外劳工法律、法规汇编》，2011年1月18日，http：//ir. mofcom. gov. cn/article/ddfg/laogong/201101/20110107367781. shtml；驻伊朗使馆经商处网站：《2011年伊朗投资指南之四：在伊朗开展投资合作需办理的手续》，2011年12月7日，http：//ir. mofcom. gov. cn/article/ztdy/201112/20111207872901. shtml。

条件是：15 周岁（含）以上，身体健康、精神正常，具备正常劳动能力；持有效的兵役证、学历证明、个人工作简历和资质证明；有当地劳动与社会事务部门提供的符合《劳工法》的相关证明等文件。

（二）伊朗籍雇员招聘基本流程

中国企业在招聘伊朗籍雇员前，特别是大规模雇员招聘前，必须事先与当地政府劳动与社会事务部门取得联系，并协商确定中外、当地与外地招聘人数比例后，方可正式启动雇员招聘工作。由人事管理部门和专业领域人员组成雇员招聘评审委员会，对应聘人员进行体检及初选、面试、笔试、体能测试（部分岗位）、岗位培训及考试，试用并签订劳动合同。基本流程如下：

1. 取得当地政府劳动与社会事务部门的支持，协商确定招工比例，取得外籍和伊朗籍雇员招聘名额；

2. 依据本公司流程组织开展招聘手续；

3. 确定录取者后，签订劳动合同（双方可在劳动合同中约定试用期，但试用期最长不得超过 3 个月）。

特别提示：根据《劳工法》，若雇主不与雇员签订劳动合同而直接用工，则该雇员将被视为永久雇员。因此，签订劳动合同对于劳动双方保护自身权益都具有非常重要的作用。在拟订劳动合同文本时需综合考虑《劳工法》《社会保障法》《直接税法》等法律法规相关条款。通过合同条款对劳动双方的权利义务做出明确约定，可以大大减少未来的不确定性和不可预见的风险。

（三）伊朗籍雇员解聘基本流程

根据《劳工法》，雇主没有充足的理由不得随意开除或解聘雇员。若要开除一名雇员，必须发出三次以上的警告，且该警告必须经雇员签字认可。雇主也可以通过一个 5 人以上的委员会发布警告，这种方法无须雇员本人签字认可，但5名委员必须一致对警告签字确认。

根据《劳工法》规定，如果劳动合同是临时合同或只是为完成某项具体工作而签订，则任何一方均无权单方面解除合同。因此，原则上，伊朗雇员在工程项目尚没有结束或合同期未满的情况下是无法合法解聘的。

解聘伊朗籍雇员的基本流程如下：

1. 雇主有解聘雇员意向，人事部门开始准备辞退文档；

2. 与被解雇雇员就解聘费用达成一致，雇主支付剩余合同期的所有工资，被解雇雇员签字认可；

3. 雇主人事部门要特别注意保存好解聘雇员的相关文档，以备将来应诉需要。

特别提示：鉴于开除伊朗雇员程序繁琐并存在巨大法律风险，雇用伊朗雇员宜采用短期合同，多次续签的方式。这一做法是雇主激励雇员勤奋工作的有效方式。

二、外籍劳工在伊工作的相关要求

外籍人员到伊朗工作必须遵守《劳工法》和其他相关法律，依法缴纳个人工资所得税。根据《劳工法》规定，外籍人员只有根据伊朗相关法律法规获得准许其入境伊朗工作的工作签证后，才能在伊朗境内受雇工作。下列外籍人员不在上述约束范围之内：经伊朗外交部确认，专职受雇于外交和领事机构的外籍人员；经伊朗外交部确认，联合国及其专门机构的专家和人员；经伊朗伊斯兰文化指导部确认的外国新闻机构和媒体的记者。

（一）外籍劳工工作签证制度

伊朗劳动与社会事务部在符合下列条件之一的情况下，为外籍人员发放工作签证：根据伊朗劳动与社会事务部的确认，没有拥有同等专业技能胜任某项空缺专业岗位的伊朗公民；外籍人员拥有完成某项空缺工作所需的更高的专业知识或技能；外籍人员向伊朗公民培训专业技术，并使得完成培训的伊朗公民后续能够替代外籍人员。

伊朗雇佣外籍人员技术专家委员会负责评估决定外籍人员的工作签证申请、更换和延期是否符合上述条件。

根据伊朗相关部门的通报或声明，对违反伊斯兰教义、伊朗现行法律法规及伊朗劳工政策方面相关规范的外籍人员，伊朗劳动与社会事务部有权吊销其工作签证。

伊朗劳动与社会事务部可发放并延长以下人员的工作签证：在伊朗连续居住至少 10 年的外籍人员；有伊朗人配偶的外籍人员；来自特殊的伊斯兰国家的移民、持有由内政部和外交部书面批准的有效移民证或难民证的寻求政治庇护的人。

（二）外籍劳工工作签证种类

外籍劳工工作签证分为两种：一种为普通工作签证，有效期为 1 年；另一种为临时工作签证，有效期为 3 个月（《劳工法》第 126 条规定：如果因国家产业利益需要而应立即招聘一名外籍人员，有关部门应将此事通知劳动与社会事务部，并可在劳动与社会事务部批准后为该外籍人员发放临时工作签证，在签发此类工作签证时不必遵守有关条款）。

（三）外籍劳工工作签证及居住证办理手续

1. 主管部门。伊朗管理外籍人员事务的主要机构是：伊朗劳动与社会事务部和外国人事务管理局。外籍人员到伊朗工作，按伊朗法律规定，必须取得伊朗劳动与社会事务部颁发的工作签证和伊朗外国人事务管理局签发的居住证。

2. 办理程序。通常由雇主负责为外籍雇员办理工作签证和居住证等手续。拟雇佣外籍人员的雇主应在该外籍人员入境后 1 个月内，向伊朗劳动与社会事务部的相关主管部门提交申请工作签证的相关材料。任何需增加雇佣外籍人员数量，或已批准雇佣外籍人员的专业岗位发生变化的情形，都应经过伊朗雇佣外籍人员技术专家委员会的重新评估。

在任何情况下，在伊朗境内的外籍人员与雇主的雇佣关系都是不可自动延续的。雇主应在雇佣合同到期后 15 日内向伊朗劳动与社会事务部报告，并办理工作签证的注销和交回手续。受雇外籍人员应在 15 日内将其工作签证交回伊朗劳动与社会事务部并取得交回收据。必要情况下，伊朗劳动与社会事务部可要求相关部门将外籍人员驱逐出境。

外资企业向伊朗劳动与社会事务部申请工作签证时，劳动与社会事务部会开会讨论工作签证的要求，如外资企业必须雇佣多少伊朗人、交多少保险之类的条件，各种条件并不是固定的，有时会根据劳动与社会事务部主管人员的主观意愿而发生变动。条件谈妥后，劳动与社会事务部才会通知外资企业申办工作签证。

在获准申请办理工作签证后，外资企业需要按照以下流程办理并提交相关资料：

（1）从劳动与社会事务部领取申请表格，将工作签证申请人的护照原件、护照复印件、入境签复印件、学历公证认证件、劳动合同公证认证件、个人照片（约 12 张）、连同填好的申请表格一起送交劳动与社会事务部。

（2）劳动与社会事务部在收到上述文件约 1 周后会发一份公函给伊朗外交部，要求外交部将申请人的入境签证改为工作签证。外交部在收到上述公函后，会向申请人签发一份给出入境管理处的文件。申请人须将外交部签发的文件、伊朗国家银行出具的向出入境管理处交款的凭证以及本人护照送交出入境管理处，出入境管理处在其护照上盖章确认申请人的入境签证已暂时改为工作签，有效期自动延期 1 个月。上述手续必须在入境签证到期前完成。

（3）持上述所有文件资料以及伊朗国家银行出具的向劳动与社会事务部交款的凭证到劳动与社会事务部申请正式的工作签证，一般 2 周内可办理完成，工作签证有效期为 1 年。

（4）在获得工作签证后，可到伊朗外国人事务管理局办理居住证。

（5）对于工作签证的延期和更换，需经伊朗雇佣外籍人员技术专家委员会重新评估，每次最多可延期 1 年。

（四）工作签证出入境要求

持有工作签证的外籍人员在离境时需办理离境签证，主要目的是检查外籍人员的完税情况，如核实无问题则发放离境签证。外籍人员持该离境签证在 3 个月之内可免签入境。如果外籍人员超期 3 个月没有入境伊朗海关，则入境时需根据相关规定再次办理入境签证。

三、伊朗个人工资所得税相关法律规定

（一）个人工资所得税缴纳比例及扣缴义务

根据伊朗《直接税法》规定，雇员的工资收入应缴纳个人工资所得税。伊朗政府每年会颁布个人工资所得税免税额度，该额度每年可能会有变化。2017 年 3 月 21 日至 2018 年 3 月 20 日期间工资所得税的税率如下：

1. 月工资收入低于 20 000 000 里亚尔，免征个人工资所得税；
2. 月工资收入介于 20 000 001 ~ 100 000 000 里亚尔，应纳

税额为扣除免税部分后的收入的10%；

3. 月工资收入超过100 000 001 里亚尔及以上的，应纳税额为扣除免税部分后的收入的20%。

特别提示：对于伊朗雇员的个人工资所得税，雇主可代扣代缴，但必须在劳动合同中加以说明，以免发生误解和不必要的纠纷。

（二）外籍雇员个人工资所得税

伊朗税务部门统一适用伊朗《直接税法》对外资企业中的伊朗籍雇员与外籍雇员征收所得税。但在核定税基时，伊朗税务部门通常将外籍普通管理人员的月收入核定到3 000～4 000 美元并适用差别税率，使得同类工种外籍雇员的税负大大高于伊朗籍雇员。

第三节　伊朗劳工管理法律风险与防范[①]

一、伊朗籍雇员管理

（一）法律风险

1. 最低工资标准和基本工资强制上涨。《劳工法》注重保护伊朗籍雇员利益。伊朗最高劳动委员会负责每年制定全国各地各

① 本节部分内容参考：《伊朗社会保障法》；驻伊朗使馆经商处网站：《伊朗关于劳工就业的相关规定》，2009 年 2 月 10 日，http：//ir. mofcom. gov. cn/article/ddfg/laogong/200902/20090206035421. shtml；驻伊朗使馆经商处网站：《伊朗外商投资法律制度中阻碍吸引外资的几个因素及其规避方法分析》，2011 年 7 月 7 日，http：//ir. mofcom. gov. cn/article/ddfg/laogong/201107/20110707636807. shtml。

行业的最低工资标准和基本工资强制上涨幅度。2017 年伊朗雇员每月最低工资标准为 930 万里亚尔（约合 300 美元）。伊朗劳工部门不仅规定了较高的最低工资标准，还要求雇员基本工资每年强制上涨至少 10% 以上。每年伊朗最高劳动委员会与雇员代表、雇主代表协商后，确定基本工资上涨幅度，并在伊朗历年初公布。2017 年比 2016 年基本工资强制上涨约 14.5%。

2. 社会保险。伊朗《社会保障法》规定，任何在伊朗注册的公司都有义务为其雇员缴纳社会保险。社会保险范围涵盖：疾病和事故；怀孕；工资损失补偿；丧失工作能力；退休；死亡。

对于伊朗籍在职雇员，需缴纳其工资或收入的 33% 作为社会保险费用，其中雇主负担 23%（20% 社会保险 +3% 失业保险），政府负担 3%，个人负担 7%。对于非伊朗籍雇员，如果能够证明其在他国没有社会保险，则可在伊朗当地缴纳社会保险，但伊朗政府不为其负担 3%，因此非伊朗籍雇员可以选择缴纳 30% 或 33% 作为社会保险。

（二）风险防范

针对上述本国劳工保护相关规定和要求，中资企业在伊朗开展业务时应注意关注伊朗政府每年发布的有关雇员最低工资标准、基本工资强制上涨幅度等的要求，并严格执行，避免因不遵守相关要求而产生不必要的纠纷和损失。

此外，中资企业要针对上述要求提前做好项目成本测算，确保相关成本和支出考虑到位，并根据政策法规的变化做及时调整，避免因测算不准确、不全面而影响项目运作或造成项目亏损。

二、雇员本地化要求

《劳工法》对外籍劳工使用有非常严格的规定，包括对外籍劳工从业类别和从业人员数量都进行了非常严格的限制，特别注重保护本国劳动者的利益。

（一）法律风险

1. 雇员本地化比例要求。伊朗国内失业率较高，对引进外籍劳工持较消极态度。在雇员本地化限制方面，伊朗劳动与社会事务部要求本地公司外籍员工与伊朗本地员工的比例至少不高于1∶3，而外资公司雇佣外籍雇员与本地雇员的比例上限为1∶6，即每进入伊朗市场1名外籍人员，至少要另外聘用6名伊朗人，且要为本地雇员缴纳各类社会保险。这些都给外资企业在伊朗长期经营增加了不合理负担。

2. 外籍劳工在伊朗就业的限制。《劳工法》对外籍人员到伊朗务工有非常严格的限制，对于低技术含量的外籍劳工基本没有可能获得相关的工作签证，加之近年来伊朗国内高升的失业率，因此外派到伊朗工作的外籍人员一直受到当地法律、政府和舆论的限制和排斥。对于外资企业和工程承包项目，除必要的外籍管理人员、工程技术人员外，基本以伊朗当地雇员为主。

外籍人员只有取得准许其在伊朗工作的工作签证方可在伊朗工作，且签证的续期或更新都需经过重新评估和审核。在伊超期居留将面临高额罚款。此外，持有工作签证的外籍人员在离境时还需办理离境签，相关手续费时费钱，给外籍人员流动造成诸多不便。

（二）风险防范

考虑到本地化比例的要求，中国企业在伊朗招工时要注意根据各省份不同的比例规定并结合外籍雇员的数量，按比例雇用伊朗当地雇员。当地雇员数量可以超出比例，但不得低于规定比例。

三、劳动争议解决

雇主与当地雇员发生劳资纠纷的主要原因是雇主对当地劳动法律法规和风俗习惯不熟悉、不重视、不执行。一方面，由于对当地劳工法律环境研究不够，在聘用当地雇员时，在合同中对于聘用期限、解聘、加班待遇、岗位和工资增长、合同变更等条款事先约定不够明确，容易造成劳资纠纷。雇主对当地风俗习惯不够重视，比如雇主没有给当地雇员提供合适的休假时间、劳动保护条件不够完善、祷告时间和场所安排不到位等细节问题也易诱发劳资冲突。另一方面，雇主对当地雇员的管理体系不完善，员工管理相对松散，对于工资增长机制、职业发展、激励和约束、加班报酬等方面的政策研究不够。当地雇员对于外资企业的期望值很高，一旦达不到预期工资，又没有明确的增长前景时，容易心态失衡，诱发劳资纠纷的发生。

考虑到伊朗法律体系和语言的差异，建议在伊朗开展长期业务的中资企业和人员聘请当地律师提供必要的法律咨询和援助服务。

第四节 典型案例

一、中资企业开除伊朗籍雇员纠纷

（一）案情摘要

某中资公司一名伊朗籍现场雇员，多次违反劳动纪律，不服从中方管理人员指挥，并恶意煽动工人罢工闹事，在该公司多次书面警告无效后，被该公司开除。该雇员不服，以该公司违反《劳工法》为由提起诉讼并要求赔偿约1万美元。

（二）裁决结果

裁决前，该公司向劳动与社会事务部提交了该雇员的劳动合同、培训记录、社会保险缴纳清单和违纪警告单等文件。根据劳动与社会事务部专家的报告，劳动与社会事务部争议解决委员会最后判定该公司开除该雇员违反了《劳工法》的相关规定，理由是公司提供的雇员违纪警告单上没有该雇员的签字，无法证实其合理、合法性，裁定该名工人可返回工作。在该雇员拒绝返回工作的情况下，该公司向该雇员支付了该雇员剩余合同期内的所有工资，但该公司无须支付该雇员主张的1万美元赔偿金。

（三）案件评析

根据《劳工法》的规定，如果劳动合同是固定期限的临时合同或是为完成某项具体工作而签订的，则任何一方无权单方面终止劳动合同，因此原则上伊朗籍雇员在工程项目没有结束和合同期未满的情况下，雇主是无法解聘雇员的。另外，根据劳工法，雇主无充足理由不得随意开除或解聘雇员，要开除一名伊朗籍雇员，必须发出三个以上的书面警告且必须经雇员签字认可，但一般情况下，很难获得该雇员在书面警告上的签字，雇主也可以通过一个5人以上的委员会发布警告，这种方法可无须雇员本人签字，但需经所有5名委员在警告上签字确认。鉴于开除和解聘伊朗籍雇员的程序繁琐而且存在法律风险，聘用伊朗籍雇员宜采用短期临时合同，可多次续签，这一做法是雇主制约和管束雇员的较为有效的方法，一般一个月一签，并建立人员基本信息数据库进行管理。

二、伊朗籍雇员劳动安全纠纷

（一）案情摘要

2010 年 6 月，某中资公司一名伊朗籍工人在执行山地项目作业时，独自一人搬运便携式山地钻机动力头，由于山陡路滑加之动力头较重，该工人失去平衡摔倒，导致左侧膝盖韧带撕裂，后送医院进行手术治疗。该公司在项目开工前已为该工人购买了相关保险，该工人也获得了有效治疗和相关赔偿，但该工人在康复后拒绝返回工作，并以该公司违反《劳工法》为由提起诉讼，要求公司赔偿其 2.01 亿里亚尔（根据当时汇率约合 2 万美元）。

（二）裁决结果

裁决前，公司向劳动与社会事务部提交了该工人的劳动合同、技能和安全培训记录、安全生产劳保用品 PPE 和劳动保险保单等文件。根据劳动与社会事务部专家的报告，争议解决委员会最后判定：公司和工人各负 50% 责任，并将赔偿金降为约 2 000 美元，即公司应支付赔偿金 1 000 美元。裁决依据如下：公司虽然为工人提供和购买了合格的 PPE 及相应的保险，并安排了相关的技能和安全操作培训，但伊朗劳动与社会事务部专家认为山地钻动力头重量超过了 25 公斤，需要采用机械工具（如吊车、直升机等）进行搬运，而且认为公司没有做到实时安全有效监督，因此公司须对此负50%责任；对于工人，伊朗劳动与社会事务部专家认为由于该工人错误判断动力头重量和自己的能力，而没有按照公司培训指南采用多人合力搬运，造成个人伤害，因此也需对事件负50%责任。

（三）案件评析

根据《劳工法》第85条、第91条和第93条的规定，为确保工人的安全、健康和卫生，所有雇主及其管理人员应为雇员提供必要的劳动安全、健康和卫生设施和用品，并教会他们如何使用，尤其是监督他们遵守劳动安全、健康和卫生的相关规定。本案中公司虽然实际履行了《劳工法》的关于劳动保护的相关规定，但对于在伊外资企业而言，伊朗劳动与社会事务部会本着保护本国雇员的原则出发，牵强地做出类似“重量超过了25公斤需要采用机械工具”（如吊车和直升机搬运等）等脱离实际的报告。因此在伊朗外资企业很难赢得劳动纠纷诉讼，但是，通过纠纷诉讼过程中冗长的调查取证周期，也可以在一定程度上遏制当地雇员随意提告和胡乱索赔的心态。

伊朗财税金融法律制度

第一节 伊朗财税金融体系

一、伊朗税收管理体制

伊朗实行直接税和间接税（增值税和关税）相结合的税制。1988 年 2 月议会通过《直接税法》，1992 年 4 月、1999 年 1 月和 2002 年 6 月先后对该法进行了修改。直接税分为两个主要大类，即所得税和资产税，具体包括企业所得税、个体商业所得税、职业收入所得税、财产税、不动产税和偶然所得收入所得税。原则上，房地产、未开发的土地、继承财产、从事农业活动、工资、职业、公司、附带收入以及通过各种来源获得的收入均需缴纳直接税。

间接税则是指进口环节的关税和增值税。关税由伊朗海关总署负责征收，增值税由伊朗国家税务局负责征缴。2008 年 6 月伊朗政府颁布了增值税法案，自 2008 年 9 月 22 日起正式实施。增值税的应纳税人，是指所有提供货物和服务或在进出口环节提供货物和服务的公司。

伊朗财经部下设的国家税务局是负责税收管理的行政部门，主要职责是：组织实施税收管理体制改革，起草税收征收法律、法规草案并制定实施细则，制定和监督税收业务的执行、征收管理的规章制度，监督检查税收法律法规、政策执行情况等。同时，国家税务局根据现行法律法规承担组织实施税收的征收管理。2015 年 3 月至 2016 年 3 月财政年度（以下简称财年），伊朗税收收入达到 810 万亿里亚尔（约 209.5 亿美元）。2016 ~2017 年财年，伊朗税收收入上升至 1 014 万亿里亚尔（约 278 亿美元），其中，直接税收入 491 万亿里亚尔，占税收收入的 48.42%；间接税收入 523 万亿里亚尔，占税收收入的 51.58%（其中，140 万亿里亚尔来源于关税收入，383 万亿里亚尔来自增值税收入）。在该财年，伊朗税收收入已占当年政府财政收入的 69.51%，这是自 2015 年起，伊朗的税收收入再次超过石油收入。税收在伊朗国民经济特别是财政体系中日益重要，这也符合最高领袖哈梅内伊和鲁哈尼政府逐步降低石油在国家收入中比重的要求。

二、伊朗银行业

据路透社 2015 年报道，截至 2014 年 3 月，伊朗银行业资产总和超过了全球伊斯兰国家（地区）银行业资产总和的 1/3，总资产高达 17 344 万亿里亚尔，在自由浮动汇率计算前提下，约为 5 230 亿美元。2016 年，伊朗银行业从业人员超过 200 000 人，在超过 23 000 个银行分（支）行和金融机构工作。

伊朗银行业由财经部管理。截至 2017 年 6 月，伊朗除了 1

家中央银行、3 家国有银行、5 家国有专业银行、2 家非营利性银行和 1 家双边合作银行（伊朗—委内瑞拉银行）外，还通过私营化形成了 21 家私营商业银行、5 家非银行信贷机构及多家风险投资公司。除上述金融机构外，伊朗银行业还包括国家同意外国银行在自由贸易区设立的分支机构和特许经营的钱庄（Exchange）。外资银行（金融机构）在伊朗自由贸易区设立分支机构，必须遵守《伊朗伊斯兰共和国自由贸易区货币银行业实施细则》第 7 条，满足在自由区设立银行机构的最低资本要求：银行最少为 350 亿里亚尔，以 100% 的现金方式全资存入中央银行；金融机构最少为 150 亿里亚尔，以 100% 的现金方式全资存入中央银行；外国银行或金融机构的分行最少为 100 亿里亚尔，以 100% 的现金方式全资存入中央银行。

（一）中央银行

中央银行成立于 1960 年，是国家金融业的管理机构。

1. 主要工作目标和职责。依据有关法律规定，中央银行主要目标是：维护国家货币里亚尔的价值；筹划和实施货币及信用政策，保持国家的收支平衡；促进贸易相关的各种交易；提高国家潜在的经济发展水平。

为实现上述目标，伊朗中央银行承担以下责任：发行现钞和辅币；监督各个银行和金融机构；制定和管理国家的外汇政策和交易；规范黄金交易；制定和规范本币的交易和流入流出量；作为政府银行管理者，伊朗中央银行委托对政府账户进行管理，同意向国有企业及机构发放贷款和提供信贷。同时，伊朗中央银行也包括向其他银行提供借款工具，作为其他合法金融运作的方式购买和销售政府的参股权。此外，伊朗中央银行也承担着在国家五年发展规划和年度预算中对货币和信贷政策进行设计和具体实施的职责。

2. 组织机构。主要包括：

（1）最高理事会。根据伊朗《第四个五年发展计划法案》，最高理事会由下列人员组成：总统（理事会主席）、财经部部长、国家管理和计划组织主席、商业部部长、内阁推举的一名部长。中央银行行长由总统提名，经最高理事会认可后，由总统任命。中央银行第一副行长由行长提名，经最高理事会通过后，由总统任命。最高理事会的职责是：研究和批准中央银行的资产报表；对督察员委员会的报告进行调查并下达决议；就特别利润的分配建议进行研究并作出决定；根据财经部部长的提议，选定督察员委员会的成员；其他由《货币和银行法》赋予理事会的职责。

（2）货币信用委员会。根据伊朗《第四个五年发展计划法案》，货币信用委员会由下列人员组成：财经部部长或副部长，中央银行行长，国家管理和计划组织主席或副主席，内阁推选的两名部长，商业部部长，央行行长提名、并经总统认可的两名货币和银行业专家；总检察长或副检察长；商业、工业和矿业协会会长；议会经济委员会和计划预算统计委员会各派出的一名代表（监督员）；合作协会主席。中央银行行长为委员会的主席。成立货币和信用委员会的目的是研究和制定中央银行的总政策，监督国家的货币和银行业务。它的主要职责是：研究批准央行组织、预算、人事政策和内部规章制度；对央行提交最高理事会的资产报表进行研究、发表意见；研究和批准《货币和银行法》提到的有关规章制度；对国家的银行、货币和信用问题提供意见，对政府提交给委员会有关贷款、信用担保和其他有关问题发表意见；对国家的银行、货币和信用政策提供咨询意见；对央行行长提交给委员会的问题发表意见。

（3）执行委员会。执行委员会由中央银行行长、第一副行长、央行秘书长（兼货币信用委员会秘书长）和 3 名各有分工的副行长组成。执行委员会的任务是监督和执行国家有关的金融法规。

（4）货币储备监督委员会。货币储备监督委员会由下列人员组成：议会议长选派的两名议员；央行行长或副行长；总检察长或副总检察长；总司库；审计总局局长、督察员委员会主席。该委员会的主要职责是监督《货币和银行法》第5条的正确执行、国家纸币的印刷、移交、回收和销毁；国家珍宝出入国库、展示登记等业务。

（5）督察员委员会。督察员委员会实际上是一个财经部派驻中央银行的监督机构，它由1名主席和4名熟练的审计员或熟悉审计和银行业务的成员构成，所有成员必须有10年以上的工作经验。成员由财经部部长提名，最高理事会批准，任期为两年，可连任。督察员委员会主要负责调查中央银行账目和外债，并对账目的真实性发表意见。

（二）商业银行

1. 伊朗国家银行（Bank Melli）。成立于1928年，系伊朗首家商业银行。从1932年到1960年一度承担中央银行的职责，负责发行货币、调整货币流通、货币保值、调整存贷款利率、维持账户平衡及监督国家银行体系等。1960年，《货币和银行法》出台及中央银行成立后，国家银行的部分职能转由中央银行执行，其目前业务主要集中在商业及贸易领域。

2. 伊朗国民银行（Bank Mellat）。1979年通过合并10家革命以前的私人和合资银行而成立的。

3. 伊朗出口银行（Bank Saderat）。成立于1952年，当时在德黑兰公司和商标注册局注册为“伊朗出口和矿业银行”（Bank Saderat Va Ma-aden Iran），初始资本为2 000万里亚尔。该行是伊朗营业网点最多、营销网络最全的银行。另外在各个省，以“某某省银行”命名的银行，实际也是伊朗出口银行的分支机构。

4. 伊朗军队银行（Bank Sepah）。初期主要从事军队系统的金融业务，革命后成为伊朗主要的商业银行之一。在全国范围内有众多分行，并在法兰克福、伦敦、巴黎和罗马等欧洲城市设有分支机构。

5. 伊朗贸易银行（Bank Tejarat）。是伊斯兰革命胜利后合并12个私人和合资银行而成立的首家全额政府股份制银行。该行于2003年8月在中国北京设立代表处，正式开始营业，成为第一家也是目前唯一在华设立分支机构的伊朗银行。

6. 伊朗福利银行（Bank Refah）。1960年7月成立，1979年转为国有商业银行。该银行面向大众提供金融信贷服务，特别是为社会保障组织、劳工部、卫生部等部门及其隶属机构提供信贷服务。

（三）专业银行

1. 伊朗出口发展银行（Bank Tose-e Saderat）。1991年7月成立，主要业务是为非石油产品出口及其他经贸活动提供金融支持和信贷服务。

2. 伊朗农业银行（Bank Keshavarzi）。成立之初名为“农工银行”，主要为农业发展提供信贷。

3. 伊朗住房银行（Bank Maskan）。1939年成立，起初命名为“伊朗贷款银行”，是为住宅及建筑业服务的专业银行。1980年，该银行成为伊朗典当行、伊朗银行建筑投资公司及全国其他住宅储蓄贷款公司的联合体，并由此更名为“住房银行”，成为建筑行业的专业银行，是伊朗信誉较好的银行之一。

除上述银行之外，伊朗还有工矿银行（Bank Sanat & Madan）和邮政银行（Bank of Post）等银行。它们属于部门性质的专业银行，业务上受央行领导，但部门的领导是银行的总经理，资产独立。

（四）私营银行

经中央银行批准，伊朗先后成立多家私营银行，主要包括：新经济银行（Bank Eghtesade Nonin）、波斯银行（Bank Persian）、创新银行（Bank Kar-afrin）、萨茂银行（Bank Saman）、帕萨尔加德银行（Bank Pasargad）和资本银行（Bank Sarmaye），西那银行（Bank Sina）和塔特银行（Bank Tat）。央行规定，私营银行必须上市，使公众通过购买银行股票分享银行利润。萨茂银行还在伊朗率先开展网上金融业务，为客户提供24小时的金融服务。

三、伊朗保险业

伊朗的保险业由国家控制和监督，由财经部主管。伊朗中央保险公司（The Central Insurance of Iran）成立于1971年，主要职责是：规范、拓展和指导在伊朗开展的保险业务，前瞻性地规范保险业公司行为并保障被保险人和收益人利益，确保政府对保险业务的监督权。在行使规范和监督使命同时，中央保险公司被授权在符合保险业创立法案的基础上实现当地强制性再保险，引导在国内和国际两个市场的对内和对外再保险业务。2016年3月至2017年，中央保险公司的保费溢价收入为277.2万亿里亚尔，已理赔款180.2万亿里亚尔。

除中央保险公司外，伊朗保险业市场还有18家商业保险公司和1家船东保赔保险公司。其中规模较大的是伊朗保险公司（Iran Insurance Company）、亚洲保险公司（Asia Insurance Company）、厄尔布尔士保险公司（Alborz Insurance Company）和达纳保险公司（Dana Insurance Company）。这四家保险公司占据了伊朗保险业务的大部分市场。伊朗市场对于能源险业务的最大承保能力为20亿美元，其中10亿美元的承保能力由代表伊朗政府的国家银行提供。

对于当地出单的非寿险保险业务，伊朗中央保险公司公司要求至少承接25%的再保份额，并根据实际风险状况决定是否释放30%的承保能力，中央保险公司对于该部分再保份额有优先取舍权。

根据伊朗保险法的规定，除在伊外籍员工的人身保险或寿险外，其他险种的保险需向在当地得到授权的保险公司采购。

在未来伊朗保险业务发展研讨会上，伊朗中央保险总经理提到了未来伊朗保险业务发展的新趋势。据伊朗《金融论坛报》2017年2月13日报道，伊朗中央保险公司总经理赫马提（Hemmati）在参加第八届投资和金融系统发展会议时发表演讲，比较人寿保险和其他险种在伊朗和全球的渗透率并指出："世界非寿险保险渗透率为2.7%，而伊朗为1.8%，这表明在非寿险保险领域，伊朗与世界其他国家相比并没有太多的落后。而人寿保险在世界范围的平均渗透率为3.8%，伊朗仅为0.25%。根据第六个五年发展规划（2017~2022年），保险业最高委员会有义务把寿险占到保费总收入的比重提升至50%。"

四、伊朗证券业

伊朗证券交易高层理事会是资本市场的最高权力机构，负责采取政策、促进证券发展、监督和执法。

证券交易组织（Securities Exchange Organisation，SEO）是发布实施证券市场法所必需的监管机构，属于非政府机构，也向经纪人，投资顾问、评级机构、共同基金、投资公司、投资银行和养老基金发放许可证，还会监督外商投资。SEO注册并发行证券市场上市许可，并监督整个公开发行过程。

SEO 监督的金融证券市场包括：德黑兰证券交易所（主要股票市场）；法拉交易所（中小企业债券市场）；伊朗商品交易所（商品市场）；能源交易所（石油、液化天然气和电力）。

资本市场的投资需要 SEO 的特定交易许可证。交易执照由 SEO 发行，外商可以在每个交易所或场外交易市场上出售，买卖证券。所有证券交易均须通过注册经纪人进行，经纪人的国籍须为伊朗。

德黑兰证券交易所（Tehran Stock Exchange）理事会是股市交易的最高权力机构。理事会由政府官员、私人部门代表和专家组成。中央银行行长主持理事会的工作。德黑兰证券交易所还设有其他机构，如接收委员会、仲裁董事会和经纪人组织等。德黑兰证券交易所是伊朗唯一正式资本市场，也是中东地区一个重要的资本市场。在伊朗建立证券交易所的最初想法始于 20 世纪 30 年代，当时由国家银行做了可行性研究。但由于第二次世界大战爆发，此计划中断。直到 1968 年，伊朗开始重新实施这项计划。最初它的经营范围只限于政府债券和有价证券的交易，随着资本和各种股票的发行，德黑兰证券交易所开始全面的股市交易。

1979 年伊朗伊斯兰革命以及随后的两伊战争对德黑兰证券交易所的业务造成很大的冲击。由于国家对经济的干预，对私人资本的需求下降。新的银行体制建立后，禁止带息股票的发行，加速了德黑兰证券交易所经营状态恶化，使其经营处于萧条阶段。

1988 年两伊战争结束后，政府开始实施战后重建计划，制订第一个五年经济发展计划，提出私有化政策。此后，德黑兰证券交易所进入了一个新的发展时期。1994 年股票交易达到 1.492 亿股，1995 年交易增加 115%，同期市场资本增加 234%，有 8 亿美元的股票进行交易。2002 年伊朗股市交易额达 28.5 亿美元，股票价值增长 34.69%，股票收入占 GDP 的 13.5%。截至 2002 年底，在德黑兰证券交易所注册的公司有 324 家，股市资本已达 114.397 万亿里亚尔。

自 2003 年 11 月始，外国资本被允许进入伊朗股票及证券交易市场，德黑兰股票交易所在中东证券市场的领先地位可望得到进一步巩固。2005 年 6 月，伊朗议会通过了《外国公司投资国家证券章程》，章程规定外国公司最多可拥有上市公司 10% 的股份，投资 3 年之后可将利润汇出境外。

之后受保守派控制内阁、伊核问题动摇投资者信心和世界金融危机影响，发展一度趋缓。2009 年以后，证券交易再次进入快速发展期。2015 年德黑兰证交所上市公司市值约 1 100 亿美元，制裁解除执行日前后"井喷式"增长，德黑兰证交所在 2015 年 12 月 12 日至 2016 年 2 月 12 日指数暴涨近 28%，现有 400 多支上市股票。

第二节　伊朗财税金融法律及基本内容

一、伊朗金融法律制度

（一）主要法律及相关规定

1.《货币与银行法》。规定伊朗货币单位是里亚尔，每 1 里亚尔等于 100 第纳尔；规定伊朗中央银行的权力和作为国家货币和信贷制度的制定者以及政府金融机构的任务；明确银行业务的条件和方式，规定银行不能开展以下业务：商业性商品买卖；不动产的交易，银行自用的不动产除外；收购股份参与一家或几家公司的资本，超过伊朗中央银行根据专门规定和指示确定的数量收购国内外有价证券；超过伊朗中央银行根据专门规定和指示确定的数量为本部门负责人、与本部门负责人有利害关系的机构、其他自然人和法人提供信贷；为伊朗中央银行审计部门、管理部门、决策部门负责人提供信贷，除按照货币信贷委员会通过的规定提供信贷外；在搬运费用项目里发行见票即付证券等。规定了银行破产和撤销程序。

2.《外国银行在伊朗设立分行及经营方式实施细则》。规定经营至少 5 年以上的外国银行，在遵守本实施细则的前提下，可以开展该分行的银行业务，但必须提供最近 3 年均盈利的财务报表。外国银行给其在伊朗分行的增资不得少于 500 万欧元或相当于 500 万欧元的其他等值外汇，且在许可证发放前全部存入中央银行。规定分行在以下情况可能停业：不执行中央银行的监督整改措施；外国银行要求其停业；分行在未取得中央银行许可的情况下自行开业一周后中止；中央银行确定外国银行关于在伊朗设立分行的文件资料是不正确的或被涂改过的。中央银行不接受外国银行关于分行破产清账并让其停业的决定，除非中央银行确信分行履行了对储户和其他客户的职责；在分行对伊朗的债权人和其他客户履行完职责前，外国银行不能让分行停业。

3.《无利息银行法》。规定银行在向贷款人提供融资服务时，无权以货币或实物形式收取“贷款利息”，这是伊斯兰银行制度不同于一般银行之处。这并不意味着银行向客户提供贷款是提供免费服务，而是依据相关的规定，和客户共同分配投资所获得的利润。但事先并不规定银行的贷款究竟会获得多少固定收益。

（二）中央银行的货币政策工具

在实施货币政策过程中，中央银行能够直接通过或间接通过其强有力的货币发行者职能影响货币市场（即通过中央银行的货币发行权调节货币发行量）。在此基础上，两种不同的货币政策工具被中央银行采用，即直接工具（与市场状况无关）和间接工具（市场导向）。

1. 直接工具主要包括：

（1）银行业利润率。伊朗作为伊斯兰国家，根据教义，国家出台了无高利贷银行法，不允许高利贷（Usury）或银行利息（Interest）存在，但是在贷款合同或定期存款协议中往往规定了可以在固定时期以一定的固定投资方式返还利润，因此中央银行制定相关规则，明确基于银行业工具的确定利润率或者预期利润回报率，也有权根据最小、最大的利润率确定有关的预期利润回报率。

（2）信贷最高额。中央银行有权通过限制银行业、规范资金使用等机制针对每个对象决定信贷的最高限额。

2. 间接工具主要包括：

（1）存款准备金率（Reserve Requirement Ratio）。各银行应当以存款的形式将一定比例的负债存放在中央银行。通过增加或减少存款准备金率，中央银行可以收缩或扩大广义货币投放量。中央银行有权在银行业债务构成的10%～30%区间决定存款准备金利率。

（2）中央银行的参与权。中央银行合理实施的货币政策是通过公开市场运作的，在流动性管理和货币市场介入方面提供了必要的弹性。伊朗禁止高利贷和使用债券，但鼓励使用参与权和投资者伙伴关系在经济活动和利润支付。以这种方式中央银行可以通过货币基础影响广义货币的流动量，进而控制通货膨胀率。

(3) 在中央银行开设的存款账户。作为有效使用的激进的间接货币工具之一就是允许商业银行在中央银行开设特别的存款账户。这个计划的主要客观目的是通过吸收过多的银行资金控制货币的流动性。中央银行就这些存款支付一定额度的存款投资利润。

(三) 商业银行的主要业务

1. 存贷业务。根据《无利息银行法》第 3 条的规定，银行可以从事下列业务：

(1) 无息存款。在这类业务中，银行可以根据客户的要求，开展活期和储蓄存款业务。客户提取存款的条件和传统银行没有差别，一旦客户提出要求，银行可以马上支付。但伊朗银行对客户的存款不支付利息，取而代之的是，银行可以在事先和客户没有约定的情况下，经中央银行货币和信贷委员会的批准，向存款客户提供下列奖励和优惠措施：赠予非固定的货币和实物奖励；减免银行服务费；优先享有银行提供的优惠融资。银行为储户提供的奖励和优惠措施有一个先决条件，那就是事先无约定。因此，在伊斯兰银行制度下，存款客户的根本动机应当是为银行筹资、为客户提供融资服务创造条件。政府通过银行提供融资服务，促进整个社会的经济繁荣，客户因此可能得到“真主”的回报。目前伊朗银行的通常做法是，根据存款的数量进行积分，按积分的多少进行抽签，抽中者可获得数额不等的实物和现金奖励。

(2) 定期投资存款。定期投资存款分为短期和长期两种。在这种业务中，银行作为存款客户的代理，参与各种投资和经营活动，为客户赢得利润。银行使用储户定期投资存款进行投资之后，应当按照和储户的事先约定，根据存款的期限和数量分配收益。在这类存款与无息存款类似，银行不向储户支付利息，而且原则上根据相关的规定，也不事先确定支付给储户利润的具体数字，只约定和储户分配利润的比例。所以储户最终获得收益的多少取决于银行投资活动所实际获得的利润。尽管定期投资存款的利润取决于银行投资经营的实际收益，但为了保护储户的利益，通常的做法是银行承诺归还储户的存款本金并对储户的存款进行保险。这样，任何人的投资存款都不会面临亏本的风险。

（3）无息贷款。银行在三种情况下可以提供无息贷款：一是对旨在创造就业机会的合作公司提供贷款。这条是专门针对从事生产和服务（非商业和矿业）的公司，它们的部分或全部活动的目的在于为有工作能力、但缺乏必要劳动条件的人提供就业资金、工具和必要的设施。二是为生产性企业提供无息贷款，帮助其维持正常生产：防止现有的生产企业陷入停顿；使陷入停顿的企业恢复生产；在小城市和农村发展小型生产企业；在小城市和农村扩大小型企业的规模；为农业领域从业者，或者因自然灾害如洪水、地震、霜冻、大旱、病虫害等受灾的人提供无息贷款。三是解决个人在下列情况下的资金需求：结婚费用、嫁妆、医疗费用、修缮住房、助学金、在农村修建住房。

2. 银行的投资性融资业务。根据伊朗《银行法》的规定，银行可经营的各种融资业务包括：

（1）一般合伙。指银行可以同法人或个人合作，为他们的生产、商业和服务活动创造合适的条件。银行作为股东之一和合伙人一起筹集资本，共同成立企业，开展生产经营活动，最后根据合同分享经营利润。银行在合伙企业运营 1 年后必须撤出资金和出售股份。但如果参与投资的项目属于工矿业、农业、住房和新开发项目，最高参股年限是 3 年，特殊情况经中央银行批准可延长期限。

（2）法定合伙。指银行为了促进生产、商业和服务业的发展，购买基于此目的而成立的股份公司的股份或向将要成立的公司提供所需的资金。但银行所占股份不能超过公司股份的 49%。

参股的目的是获得股息。需要说明的是，为了避免法定合伙可能带来的风险，银行有义务在参股前对将要参股的公司进行必要的调研，只有在调研结果表明公司有盈利的前景时，才会参股。同时法律规定，银行所参股的公司必须是在生产、商业、服务和其他被国家优先考虑发展的领域进行经营活动的公司。

（3）直接投资。是指银行直接出资创办生产、营利性的开发项目，以获得所创办企业的经营利润。法律规定银行所直接投资项目，不能是生产奢侈品和非社会必需的消费品的项目。因为投资不仅要考虑能否获得利润，还要体现国家投资的政策导向性，注重社会效应。银行直接投资建立的公司运营后，银行可以将全部或部分股份向公众出售。毫无疑问，一旦银行所占股份低于51%，该公司就变成银行“法定合伙”公司。

（4）预购交易。这项业务是指银行应生产企业的申请，预购企业的产品，从而解决企业资金周转的困难。银行预购的产品必须具备以下特性：企业的产品不容易腐烂变质；所预购的产品必须是企业自己生产的产品；所预购的产品有很好的市场前景，容易脱手；银行的预购价格一定不超过产品实际交易的价格。预购交易业务的周期一般是从预购合同签订之日到产品移交给银行，不超过企业的一个生产周期，最多不能超过1年。

（5）分期出售原材料合约。这项业务是指在生产企业提出申请，并承诺全部拥有特定商品的情况下，银行出资购买其生产所需的原料、设备、消耗性工具，提供给企业，生产企业分期归还银行所支付的资金的行为。通常生产企业承诺分期支付的资金要高于银行所实际付出的资金。差价就是银行开展这项业务的利润。这项业务的目的是为生产企业提供流动资金。分期出售合约的期限一般为一个生产周期，但最多不超过1年。

（6）分期出售生产设备合约。这项业务与第5项业务类似，不同之处在于生产企业申请购买的产品是有效寿命超过1年的生产设备或设施。它的目的在于为使用大型设备进行工矿业、农业和服务业生产的企业提供便利。一般的操作步骤是这样：如果企业提出申请，并保证最终购买设备，银行出资购买设备，在设备购买价的基础上，附加必要的利润，然后以分期付款的形式提供给企业。当然，设备分期付款的期限不能超过设备的有效寿命。

（7）分期出售住房。这项业务是指银行投资建造廉价住房，在考虑建房成本和必要的利润之后，以分期付款的形式出售给住户。它的目的在于促进房地产业的发展。

（8）租赁购买。所谓租赁购买是指银行将购买的动产或不动产，出租给符合条件的客户，前提条件是租赁期满后，动产或不动产归承租人所有。这种租赁方式也适用于廉价住房的出租，在住户提出要求的情况下，银行可以将拥有产权的房屋以最终出让产权的形式出租给住户。法律规定最终出让产权的出租资产的有效寿命不得少于2年，当然，租赁的期限也不能超过资产的有效寿命。银行在确定租金时会考虑所有资产的价格和必要的利润。

（9）佣金支付。佣金是指合同的一方（被雇方）为另一方（雇主）提供服务，另一方必须对其支付的报酬。为了发展生产、商业和服务业，允许银行作为合同的一方签订佣金支付合同。毫无疑问，银行在签订佣金支付合同之前，应就合同的金额，本金的返还，加上适当的利润进行充分研究，只有在确保回收的金额超过支付的佣金时，才可从事这项业务。

（10）农田租赁合约。农田租赁合约是指银行作为农田的所有者，同农民签订合同，承租的农户在合同约定的期限耕种农田，双方按照事先约定的比例分享收益的合同。这项业务的目的是充分利用银行所拥有的土地，发展农业生产。在这项业务中，允许银行除了出租土地外，按照合同向承租农户提供必要的生产要素如水、种子、化肥、农药、农机、运输设备等。农田出租合约的最长期限为1年，必要时可延长一个农时季。

（11）果树租赁合约。果树租赁合约是指银行作为果树的所有者，同果农签订合同，承租的果农在合同约定的期限管理果树，双方按照事先约定的比例分享收成的合同。通过这种业务，银行在增加国家水果产量的同时，也能获得必要的利润。果树租赁合约的期限为 1 年，必要的话，可以延长到水果采摘结束。

二、伊朗税收法律制度

《直接税法》是伊朗税收体系的主要组成部分，由纳税人、财产税、所得税、其他规定等几部分组成。根据《直接税法》，原则上对房地产、未开发的土地、继承财产、从事农业活动、工资、职业、公司、附带收入以及通过各种来源获得的总收入征收直接税收。但是，税务的免除和折扣也可能取决于具体的情况。伊朗已与世界 30 多个国家签署了“避免双重征税协议”。伊朗税收制度健全，税率较高。主要赋税和税率如下：

1. 个人工资所得税。自然人受雇于其他人（自然人或法人），就他们在伊朗的职业提供服务，从而根据工作时间或工作量以现金或非现金方式得到的收入应缴纳个人工资所得税，具体规定见第五章第二节。

2. 营业所得税。自然人通过从事某项经营或以税法未提到的其他方式在伊朗获得的收入，在扣除本法规定的免税款额之后应缴纳营业所得税，具体税率是：应税收入在 3 000 万里亚尔以下税率为 15%；应税收入在 3 000 万～1 亿里亚尔，税率为 20%；应税收入在 1 亿～2.5 亿里亚尔，税率为 25%；应税收入在 2.5 亿～10 亿里亚尔，税率为 30%；应税收入在 10 亿里亚尔以上，税率为 35%。

3. 企业所得税。公司的收入和法人通过其在伊朗境内外其他营利性业务活动所获得的收入总额在扣除了经营中的亏损、非免税亏损和直接税法规定的免税款额之后，依照25%纳税。

对于在伊朗签订的任何有关建设承包、技术项目、制造安装项目、运输项目、建筑规划项目、测量、绘图、技术监理与核算、技术援助和培训、技术转让和其他方面的服务合同，按总收入的12%纳税。

获伊方特许而提供的影片，在一个税务年度里，所获得的放映费或其他费用收入的20%～40%作为应纳税收入，本条款应纳税收入系数是根据财经部提议并经内阁批准的。

外国航运和海运公司在伊朗的货运和客运收入税固定为其全部收入的5%，无论此收入是从伊朗还是从目的地或从途中所得。

4. 增值税。伊朗对每种货物的税率设置一个定值，从3%～10%不等，有些货物会根据原产地的不同进行双重征税。有些商品是可以免税进口到伊朗的，最常见的有：未加工的农产品；面粉，面包，糖，米，牛奶，奶酪，牲畜；原料和农药；医药、实验室用化学品等。

目前，伊朗已经设有自由贸易区，可以避免增值税等非关税壁垒。这些经济特区提供：100%外资所有权、灵活的货币管制、不需要入境签证、20年免税等。

三、伊朗与中国政府《关于对所得避免双重征税和防止偷漏税的协定》

该协定相关内容见第一章第四节。

四、关于外汇管理的规定

伊朗货币为里亚尔。《货币和银行法》未对里亚尔是否可自由兑换做出具体规定，但一般居民可到当地银行、钱庄进行自由兑换。伊朗外汇管理较为严格。目前，人民币和里亚尔不可直接兑换。中国国内能够直接对伊朗开展贸易结算业务的银行是昆仑银行。伊朗国内的主要商业银行与昆仑银行建立了双边金融结算机制，可进行人民币或欧元的跟单信用证（L/C）或电汇（T/T）对伊朗贸易结算。

伊朗对于跨境外汇转移也有限制。伊朗禁止携带超过 5 000 美元以上的外汇或等值其他货币出境。如果被警方查出超出该数量，则超出数量将被没收，并被处以超出数量四倍的罚款。外国游客在入境之前，应在入关时向海关申报其携带外汇数额（携带 1 000 美元以上外币现金出、进入伊朗需要申报）；在出关时也不准将超出 5 000 美元以上的现金带出国境。

除了以上限制外，伊朗对于本国货币也有类似规定。伊朗货币和信用理事会规定，禁止将超出 500 万里亚尔以上的本国货币带出境，否则将被处以超出数额两倍的等值罚款。其中所指的伊朗本国货币包括当前市场流通的纸币和硬币以及伊朗中央银行签发的旅行支票。

伊朗货币贬值压力长期存在。为稳定币值平抑物价，政府以往一直实施里亚尔对美元固定汇率制度。2013 年 7 月 6 日，中央银行宣布取消里亚尔固定汇率，改为实行可浮动的参考汇率制，里亚尔对美元汇率贬值当即超过 50%。

里亚尔汇率一直存在官方汇率和市场自由兑换汇率两种，两者差异 10% ~20%。2016 年 5 月 1 日，正式的里亚尔官方汇率为 1 美元兑 30 315 里亚尔，而市场自由兑换汇率为 1 美元兑

34 580 里亚尔。随着国际制裁的解除，官方汇率与非官方市场汇率的差额可能将逐步缩小。

第三节 伊朗财税金融法律风险与防范

一、外汇法律风险与防范

（一）外汇法律风险

伊朗存在汇兑限制，外国居民及投资者在伊朗当地银行的外汇不能提现，外汇无法自由兑换以及自由进出。外汇必须兑换成当地货币方可进行储蓄，外国公民储蓄需获得当地合法居民身份。

美国解除对伊朗的制裁后，承诺放开对伊朗个人和组织金融往来限制，放开交易伊朗货币里亚尔，放开交易伊朗主权债，放开与伊朗中央银行的往来，但未实质性落实。

（二）外汇法律风险的防范

根据《鼓励和保护外国投资法》规定，投资者在完成全部义务并缴纳法定费用后，提前 3 个月通知伊朗最高投资委员会，经委员会通过并财经部部长批准后可将原投资及利息或投资余款汇出伊朗。外国投资产生的利润在扣除了税款、费用及法定的储备金后，经委员会通过并财经部部长批准后可汇出伊朗。另外，如果中央银行认为出口某种商品或某些商品有利于国家经济和国家外汇，经部长会议批准后，中央银行可以允许上述商品的出口商免除执行外汇规定。投资者需了解并遵守上述规定。现阶段能直接对伊朗收付款的只有昆仑银行，且币种是人民币和欧元，美元是通过离岸账户。

目前，伊朗银行与国际支付系统的连接尚未完全恢复。与伊朗有进口业务的企业在接受伊朗本土银行的信用证时，应当找国际公认有信用的第三方银行进行保兑。如果信用证规定了“偿付行”，则需要提供偿付行的确认付款电函。而且，偿付行必须在美国以外的国家或地区。在拿到信用证后仔细审核，避免软性条款不符存在问题导致银行拒绝承兑。从事“远期信用证”项下业务的企业，可以向银行或其他金融单位续做“远期外汇买卖”，从而转移贸易风险，减少自身压力。或者将远期票据贴现，损失手续费能避免汇率波动或者其他风险。目前伊朗国内局势相对稳定，但应关注制裁重置的风险。

特别提示：伊朗投资和经济技术支持组织（OIETAI）代表伊朗中央政府主管吸引、批准和保护外国在伊朗投资。该组织是伊朗唯一鼓励外国资本在伊朗投资、审批与外国投资有关事务的官方机构。外国投资者在伊朗的有关投资许可、资本进入、项目选择、资本利用、资本撤出等事项都必须向该组织提出申请，投资者应注意保持与该组织的沟通联络。

二、税收法律风险与防范

伊朗对外资持欢迎态度，对外资的保护力度不断加强，但税收体系复杂，税率水平偏高，实际征税过程经常与法律条文规定不符，减免优惠政策不足，投资优惠的落实常打折扣。

政府要求在伊朗注册的本国企业要就其在全球范围内获取的收入纳税，而外国企业需要就其在伊朗境内获取的收益纳税。因此，在投资决策之前，应需充分了解伊朗税收政策，核算税赋成本，防范伊朗对国外投资者缺乏保护带来的不利影响。

三、外国投资的法律风险与防范

外国投资可享受的优惠政策主要有：允许外国直接投资在所有获许可的私人经营方面投资，对外国投资一般不设百分比限制；新法或政府决策导致财务合同的执行被禁止和中止所造成的投资损失由政府保证赔偿，但最多不超过到期的分期应付款额，以“建设—运营—转让”（BOT）和“国民参与”方式实施的外国投资项目生产的商品和服务由合同政府部门方负责收购；根据伊朗对外油气合作回购合同条款的规定，投资方与伊朗国家石油公司协商一致，由外方提供油气开发服务并可取得固定收益率的投资回报。

但伊朗受困于美国和欧洲的经济制裁，多年孤立于全球金融体系之外，难以开展正常外汇兑换及结算业务。伊朗本地融资成本较高，且外国企业一般难以在当地取得融资，到伊朗从事工程承包项目一般要求承包商提供融资方案。伊朗官方汇率与市场汇率继续偏离，外国交易方很难通过正常金融渠道与伊朗合作伙伴进行资金的转移支付，外国投资者甚至难以在伊朗开设银行账户。虽然伊朗对外资投入一般行业无股权比例限制，但对资源开发经营型企业有外资持股比例不超过50%的要求。中资企业在伊朗经营需要关注上述政策和风险，深化对伊朗的基础研究，加强中资企业之间的协调工作，完善项目融资方案，避免因缺乏经验造成损失。

四、其他风险与防范

若美国财政部外国资产管理处（OFAC）发现某外国金融机构与伊朗境内的实体从事某些被禁止的活动，则会通过《伊朗金融制裁条例》（《联邦法规汇编》第31卷第561部）执行2010年的《全面制裁伊朗、问责和撤资法案》（“CISADA”）的相关规定，将该金融机构列入制裁名单，限制其与美国金融机构的业务。例如，美国金融机构不得为列入制裁名单的外国金融机构维护或开立新的代理银行账户；美国金融机构不得为列入制裁名单的外国金融机构维护或开立新的转付银行账户。

上述措施限制了该金融机构在美国开展业务的能力，也可能导致第三方银行在与该银行进行业务接触时会更加谨慎。

2016年美国部分解除对伊朗的制裁，这对中国企业开拓伊朗市场产生了较大吸引力，但制裁的风险仍存在。同时伊朗与周边逊尼派阿拉伯国家关系紧张时常导致产品无法顺利进、出口。因此，中资企业需要增强风险意识，做好相关制裁信息查询工作，防范因与制裁名单内个人或团体进行经济活动带来的风险。

第四节 典型案例

一、保函赔付的案例

Z公司为执行对伊朗自升式钻井平台出口合同，于2014年5

月 14 日在中国 A 银行开立了预付款保函，受益人为买方某伊朗 Y 企业，保函采用委托境外银行转开的方式开立，转开行为伊朗某银行。上述保函开立后经过了多次延期，2016 年 11 月 28 日 A 银行收到伊朗转开行索赔报文，要求 A 银行履行保函项下的反担保义务即向其支付保函金额 EUR 12 519 380.00，同时催缴保函转开费 EUR 239 955.92。

由于上述保函的条款中规定的适用法律为伊朗法律，未规定适用国际惯例。参照《国际商会见索即付保函统一规则》（Uniform Rules for Demand Guarantees，ICC Publication No. 758，URDG758）第 5 条规定，结合市场惯例，上述主保函及反担保保函应属于独立性见索即付保函，即保函独立于商业合同基础关系，因此包括索赔和赔付在内的保函处置均不应受商业合同执行情况的影响。根据主保函条款中规定，主保函至"平台交付且转开行收到相符运输单据之日"持续有效；反担保保函条款中规定，反担保保函应按照转开行的要求进行延期。参照 URDG758 第 2 条、第 4 条、第 12 条的有关规定，A 银行作为反担保行应不可撤销、无条件的承担在收到相符索赔后向转开行进行赔付的付款责任。因此，根据 URDG758 第 20 条规定，A 银行应在收到转开行相符索赔后的 5 个工作日内作出赔付或提示不符点作出拒付。而 Z 公司与受益人 Y 企业协商后未能就受益人撤回索赔、继续履行合同达成一致。考虑到 A 银行开办国际业务以来即承担了中伊双边贸易银行结算窗口的重要职能，若无理拒付或蓄意拖延，将严重损害银行声誉和国际形象，甚至可能影响中国银行业和国家的整体对外形象，故最终决定将保函赔付。2017 年 3 月初，Z 公司将赔偿款付至国内银行账户。此笔保函最终于 2017 年 3 月 22 日赔付，总金额 EUR 1 320 925.59，包括利息和转开费金额 EUR 132 092.59。2017 年 7 月 5 日伊朗转开行与 Z 公司达成共识，再次支付利息金额 EUR 474 781.91，至此保函赔付完毕。

二、编造伊朗托收银行信息骗款的案例

伊朗 Y 公司从中国进口激光雕刻设备，约定由伊朗 R 银行以托收（D/P）方式付款。首先，买家 Y 公司通过该伊朗 R 银行支付预付款后，卖家发出货物。之后，买家 Y 公司声称该伊朗银行因制裁被冻结，编造另一银行名称和地址，欺骗卖家将单证邮寄到其指定的关联公司地址，取得单证后提货不付款。

第七章

伊朗争议解决法律制度

第一节 伊朗争议解决法律制度概述

一、伊朗诉讼制度概述

伊朗法律体系深受大陆法系影响，与法国法律体系有很多相似之处；同时，伊朗法律体系也受到英美法系影响，一些司法判例也可以作为正式法律渊源。伊朗法律体系以成文法为基础，判决都依据成文法做出，并明确对应成文法中的具体法律规定。如果成文法没有对某个争议做出相关规定，法官将依据伊斯兰宗教教义指引或习惯法来进行审理判决。

特别提示：普通法院和上诉法院法官的司法判例不是伊朗法律的正式渊源；但伊朗最高法院全体委员会公布的司法判例是伊朗法律的正式渊源，与成文法具有同等法律效力，在全国范围内可以作为法官审理判决案件的依据。

伊朗于2010年12月24日颁布执行最新的《民事诉讼法》，共529条；伊朗于2015年6月22日颁布执行最新的《刑事诉讼法》，共699条。《民事诉讼法》和《刑事诉讼法》规定了各类案件从起诉到判决的各项程序性要求。具体介绍见本章第二节。

二、伊朗仲裁制度概述

仲裁是指民事争议双方依照书面仲裁协议请求第三方仲裁机构解决其争议的一种非诉讼手段。伊朗法律允许仲裁，《民事诉讼法》第七章第454条至第501条规定了仲裁制度及其相关问题，适用于民事争议双方为伊朗法律实体（公民、公司或机构）的争议仲裁。伊朗《国际商务仲裁法》（1997年9月17日颁布）规定了国际商务领域的仲裁制度及其相关问题，适用于国际商务争议的一方不是伊朗法律实体（公民、公司或机构）的争议仲裁。

伊朗于2001年4月成为《承认和执行外国仲裁裁决公约》（1958年纽约公约）的缔约国，因此，国际仲裁裁决在伊朗具有法律执行效力，伊朗也接受其他国家的仲裁委员会依据伊朗法律做出的仲裁裁决。但依据《宪法》第139条，涉及公共财产或国有财产所有权的争议仲裁必须经过部长委员会批准并告知议会；如果争议问题重大或争议一方为非伊朗法律实体，则争议仲裁必须经过部长委员会和议会的批准。具体介绍见本章第三节。

第二节　诉讼制度

伊朗司法权由司法系统独立行使，司法系统的首脑是“司法总监”，必须由伊智提哈德（Mujtahid，教法权威阐述人）担任，由伊朗最高领袖任命，一般任期为5年。伊朗司法总监负责司法体系的组织结构调整、起草司法议案和各级法官、检察官的人事任免。

伊朗最高法院院长和总检察长由司法总监提名，一般任期为5年。最高法院院长牵头的最高法院委员会负责监督全国司法程序、纠正各级法院判决、审理关于行政长官的违宪诉讼等；最高法院委员会公布的司法判例在伊朗全国范围内可以作为判决依据。总检察长负责全国的执法、起诉和案件听证顺序等。

一、法院系统及审判制度

伊朗法院系统分为普通法院系统和专门法院系统。普通法院系统包括争议解决委员会、公共法院、伊斯兰革命法院、治安法院、上诉法院、行政法院、最高法院。专门法院系统指宗教法院、军事法院。

（一）普通法院系统

1. 争议解决委员会。在伊朗普通法院系统中，争议解决委员会成立的时间最晚，于2001年依据《第三个经济、社会、文化发展计划》设立，2009年伊朗议会通过《争议解决委员会法》，正式明确了争议解决委员会的职能和地位。争议解决委员会虽然是司法体系的一部分，但是通常作为一个备选而不是必须的纠纷处理机构。争议解决委员会可以管辖公民或非政府组织之间的下列纠纷：未成年人、精神病人、瘫痪病人等无行为能力人或限制行为能力人的财产管理纠纷；农村地区2 000万里亚尔以下、城市地区5 000万里亚尔以下的金钱纠纷；驱逐租户的纠纷；遗嘱继承或法定继承的受益人身份纠纷。如果争议当事人对争议解决委员会的解决结果不服，可以向公共法院的民事法庭提起诉讼。

特别提示：争议解决委员会不能管辖涉及结婚、离婚、宗教财产、遗嘱效力、破产、行为能力确认、公共和政府财产等事项的纠纷，争议当事人必须直接向公共法院的民事法庭提起诉讼。

2. 公共法院。公共法院管辖民事和刑事案件，依据管辖地域、级别和案件类型设立民事法庭、家庭法庭、一级刑事法庭、二级刑事法庭、少年法庭。

（1）民事法庭。管辖金钱或非金钱类民事纠纷，以及关于争议解决委员会调解结果的上诉案件。民事法庭由1名法官独任审理判决案件。

（2）家庭法庭。管辖关于婚姻、家庭、子女监护等纠纷案件，依据伊朗《家庭保护法》规定，家庭法庭应同时由1名法官和1名女性咨询法官审理，法官在做出判决前必须向女性咨询法官书面征求意见。

（3）一级刑事法庭。伊朗在31个省的每个省会城市设立1个一级刑事法庭，管辖最高刑罚涉及死刑、终身监禁、截肢以及严重肉刑的刑事案件，四级及以上重罪，政治犯罪和媒体犯罪。一级刑事法庭由3名法官组成合议庭，在审理政治犯罪和媒体犯罪时，还必须有1名陪审员。

（4）二级刑事法庭。伊朗在各县设立二级刑事法庭，各县的二级刑事法庭数量不等；特殊情况下，伊朗在一部分县设立县级法庭以取代二级刑事法庭，这类县级法庭与二级刑事法庭的管辖范围一致。除了那些专属伊斯兰革命法院和一级刑事法庭管辖的案件之外，二级刑事法庭可以管辖其他各类刑事案件。

（5）少年法庭。管辖18岁以下未成年人犯罪案件。伊朗在各县设立少年法庭，各县的少年法庭数量不等。少年法庭由1名法官独任审理判决案件，但是同时有2名社会工作人员为法官提供咨询意见。如果犯罪嫌疑人在案件审理过程中年满18岁，少年法庭继续拥有管辖权完成审判。如果犯罪嫌疑人在案件发生时不满18岁但是在开庭前已经年满18岁，则少年法庭对该案件无管辖权，应交由有管辖权的其他法庭审判；而在这种情况下，犯罪嫌疑人仍享有少年法庭的各种特殊权利。

3. 伊斯兰革命法院。管辖间谍、非法持械、恐怖活动、危害国家安全、颠覆伊斯兰共和国、侮辱最高领袖、走私买卖毒品、扰乱金融或外汇管理秩序、扰乱原料市场秩序、扰乱外贸秩序、信贷欺诈或价格欺诈、走私制造外国货币或外国假币、囤积并高价销售食品或农产品、破坏机械设备、通过行贿获取生产许可证、走私文物或国有财产、假借合作受贿以及《宪法》第49条规定的非法侵占公共财产等特殊类型的犯罪案件。伊斯兰革命法院也可以被看作是一种特殊类型的刑事法院。伊斯兰革命法院在审理那些最高刑罚涉及死刑、终身监禁、截肢以及严重肉刑的刑事案件时，由3名法官组成合议庭审理判决案件；其他案件由1名法官独任审判。

4. 治安法院。管辖社会治安类案件，依据管辖地域、级别和案件类型设立普通法院和独立治安法院。

5. 上诉法院。如果当事人不服各类普通法院的一审判决，可以向上诉法院提起上诉，伊朗在31个省的每个省会城市设立1个上诉法院。上诉法院也相应设立民事上诉法庭和刑事上诉法庭。上诉法院审理案件时，由3名法官组成合议庭。上诉法院法官任职资格要求较高，必须拥有15~20年以上的审判经验。

6. 行政法院。依据《行政法院法》，行政法院管辖行政诉讼类案件、政府公务员和公共机构雇员的违法案件、政府和公共机构的劳动纠纷案件以及各个争议解决机构的上诉案件。行政法院设在德黑兰，是审理判决行政纠纷的终审法院，内部分为一审分部和上诉分部，并设有行政法院全体委员会。一审分部的各个法庭由 1 名法官采取独任制，上诉分部的各个法庭采取 3 名法官组成合议庭，行政法院全体委员会审理一部分重要案件，审理时必须 2/3 以上的委员同时参加审理，按表决结果进行判决。行政法院法官的任职资格非常严格，需要具备 10 年以上法官经验，或者具备研究生学历及同等伊斯兰法学学历并具备 5 年以上法官经验。

（1）市政委员会。依据《市政法》，市政委员会由内务部门、司法部门和市议会代表三个机构选派的代表组成，管辖未经审批的违章建筑类案件。市政管理机构将该类案件提交到市政委员会裁决。如果当事人不服裁决，可以向市政委员会申请复议，由市政委员会另选代表审理裁决。如果当事人不服复议结果，可以向行政法院提起上诉。

（2）劳动争议解决机构。依据《劳动法》，伊朗在每个省的省会城市设立劳动争议调查委员会和劳动争议解决委员会，管辖劳动纠纷类案件。争议解决机构的组成及处理程序参见第五章第一节。

（3）税务争议解决机构。伊朗国家税务局设有普通税务争议解决委员会和高级税务委员会，管辖税务纠纷类案件。普通税务争议解决委员会由伊朗国家税务局、法官、行业协会三个机构选派的代表组成。如果当事人不服裁决结果，可以申请复议，普通税务争议解决委员会另选代表重新审理裁决。如果当事人不服复议结果，可以向高级税务委员会申请再次复议。如果当事人不服再次复议结果，可以向行政法院提起上诉。

（4）私有化仲裁机构。《宪法》第 44 条规定，经济领域存在国有、合作所有和私有三种所有制形式的企业，政府逐步推行经济领域私有化的过程中出现的纠纷，由私有化仲裁机构管辖。私有化仲裁机构的仲裁庭由 7 名代表组成，分别是伊朗合作社部部长、伊朗工矿农商会主席和 5 名由财经部、司法部、国家管理和计划组织推荐并由伊朗内阁选派的产业、法律专家。裁决结果必须得到5名以上代表支持才生效，如果当事人不服裁决，应在10日内向行政法院提起上诉。

（5）证券市场法仲裁机构。依据《证券市场法》，经纪人、投资之间的纠纷应首先在各自的专业团体内部寻求解决；未能解决的，则由证券市场法仲裁机构管辖。证券市场法仲裁机构由3名代表组成，1名是司法系统选派的法官，2名是证券市场委员会选派的经济和金融专家。裁决由行为财产登记组织的执法部门负责执行。

特别提示：行政法院管辖各个争议解决机构的上诉案件，但是这些争议解决机构并不属于司法系统而属于政府系统。

7. 最高法院。最高法院位于首都德黑兰，既是民事和刑事案件的最高上诉机构，又是法院管辖问题的最终决定机构，还可以重启已结案的刑事案件。此外，最高法院依据《宪法》可以审理涉及总统的案件，而最高法院的审判结果是最高领袖罢免总统的前提条件。最高法院每个审判庭由3名法官组成，每名法官必须拥有21年以上的法官或律师资历，或者是1名伊斯兰教学者，或者在宗教学校研究伊斯兰法学超过10年以上。最高法院第一审判庭庭长同时担任最高法院院长；最高法院同时设有全体委员会。

最高法院仅对上诉案件进行事实审查和法律适用审查，不进行实质性判决。如果最高法院同意上诉法院的判决，则原判决生效且不得再次上诉。如果最高法院不同意上诉法院的判决，则将案件发回原审上诉法院进行重审。如果原审上诉法院重审判决与原判决一致，当事人不服，可以再次向最高法院提起上诉。如果最高法院仍不同意原审判决，则将案件转交给最高法院全体委员会审理。最高法院全体委员会可以做出改判，判决结果作为司法判例成为伊朗正式法律渊源，即全国范围内后续法官审理判决案件的依据。

（二）专门法院系统

1. 宗教法院。主要管辖什叶派穆斯林神职人员，又称“教士特殊法院”。但是，在一些案件中，宗教法院对涉案的非神职人员也具有管辖权。宗教法院实质上完全独立于司法系统，不受最高法院和司法总监管辖，只对最高领袖负责。宗教法庭依据成文法和法特瓦（伊斯兰教法判例、教法解释）审理判决案件。

2. 军事法院。伊朗军队内部设有独立的军事法院，管辖军人和警察在执勤过程中的犯罪行为或针对军队、警察部队的犯罪活动。军事法庭依据特殊的军事诉讼程序法审理判决案件。

二、民事诉讼程序

依据《民事诉讼法》和《刑事诉讼法》规定，各类民事案件和刑事案件一般情况下都实行两审终审制，即经历一审和上诉两个阶段。如果当事人不服上诉法院判决，可以向最高法院申请重审。针对特殊类型的重大刑事或经济案件，如果当事人不服上诉法院重审判决，可以再次向最高法院申请重审，最高法院根据情况提请最高法院全体委员会进行最终审判。此外，在一审过程中没有信息披露流程，原告必须在起诉书中列出支持证据，然后在庭审中再次陈述。类似地，被告可在辩护词中提交证据，之后在庭审中再次陈述。如果法官认为有必要，他可以命令出示独立证据，以协助法院审理。在上诉法院和最高法院，原告必须向被告提供支持其主张的证据，而被告有 10 天时间提交证据进行答辩。即使被告没有答辩，上诉程序也会照常进行。

特别提示：根据伊朗法律，提出民事诉讼没有诉讼时限。

依据《宪法》第34条和《民法典》第961条，非伊朗法律实体，即外国公民、企业或机构在伊朗与伊朗法律实体享有同等的法律地位。但是，在特殊资源所有权、“一夫多妻”制的人身权利等方面，外国法律实体受到约束和限制。外国企业在伊朗因进行经贸合作发生纠纷而提起或被提起民事诉讼时，一般适用于民事诉讼程序，即经历一审和上诉两个阶段，基本由以下六个环节组成。

（一）确定管辖与起诉

伊朗法律中并没有明确规定关于外国企业参与民事案件的法院管辖问题。依据《民事诉讼法》第11条，当事人双方均为伊朗法律实体（公民、公司或机构）的民事案件由被告居住地法院管辖，但是没有规定非伊朗法律实体与伊朗法律实体之间的民事案件应由哪个法院管辖。因此，如果外国企业与伊朗法律实体在合同中约定了管辖法院或单独签订了管辖协议，二者之间的民事案件即由合同或协议约定的法院管辖；否则，案件由被告居住地法院管辖。

确定管辖法院后，当事人必须以书面形式向公共法院的民事法庭提起诉讼。原告必须提供1份起诉申请书原件和所有相关文件的副本，并为每名被告准备1份起诉申请书和所有相关文件复印件。原告将起诉申请书原件、所有相关文件的副本及为每名被告准备的复印件提交给公共法院的第一法庭，由第一法庭负责将案件分配到法院的其他法庭进行具体审理。原告或被告均不能主动选择审案法庭，也不能拒绝或对分配意见提出异议。公共法院的第一法庭庭长是非常重要的司法人员，他拥有分配案件的决定权，司法系统内的其他机构和人员无权干预。

特别提示：伊朗的诉讼程序耗时较长，有些案件可能历经数年才会做出裁判。案件办理速度通常取决于案件的复杂程度、法院的案件量及当事方之间的配合程度。原告可以采取临时措施保障自己的权益，两项最常见的临时措施中，一是临时扣押令，在某些情况下，法院可在任何阶段向原告提供此救济，例如担心诉讼标的可能会恶化或毁坏的案件。法院可能要求原告提供被告由于临时扣押令遭受损失等额的现金存款。二是保护令，如果某个案件的情况紧急，可以采取保护措施，包括针对被告的财产发出扣押令，或强制履行或禁止强制履行的命令。原告必须存入法院认为适当的保证金，以补偿被告可能由于临时救济导致的损失。没有保证金法院不会发出保护令。

（二）传票与通知

案件分配确定后，审案法庭确定开庭日期和时间，以传票形式通知当事人。与此同时，审案法庭会将原告的起诉申请书副本和所有相关文件复印件寄送给每名被告。如果被告为伊朗法律实体或经常居住地不在伊朗境内，传票通知时间不得迟于开庭之日前 2 个月。

无论是否为伊朗法律实体（公民、公司或机构），原告和被告都有权委托律师代理案件，如果无力聘请律师，可以申请法律援助，由法院指定律师提供诉讼或辩护服务。

（三）法庭审理

在一审阶段，案件由 1 名法官独任审理，法庭调查、质证、法庭辩论等全部程序都由该法官亲自完成或在其监督下由法庭工作人员完成。最后，由该法官决定何时结束审理并做出一审判决。

原被告双方既可以亲自出庭，也可以委托律师代理出庭。法庭听取并记录原被告双方的主张和理由。如果原被告双方需要证人出庭提供证据，必须经法官同意。证人必须在法庭确定的时间在法官面前提供证言。如果原被告双方需要具有专门知识的人出庭，原被告均可以向法庭提出申请，经法官同意后邀请具有专门知识的人出庭，具有专门知识的人不受人数限制。在原被告提出邀请具有专门知识的人出庭后，法官也可以指定法律专家参与质证。法官指定出庭的法律专家必须拥有专家资格证书，该证书由伊朗法律专家协会颁发。依据伊朗法律，法官指定出庭的法律专家独立于政府和司法系统。

伊朗法院可以根据案件情况适用外国法，该外国法的存在和内容须由原被告邀请的具有专门知识的人或者法官指定的法律专家提供。伊朗法院适用外国法有严格限制，例如，《民法典》第968条对合同纠纷适用外国法的条件进行了规定，除非合同双方均不是伊朗法律实体并且在合同中直接或间接地约定合同纠纷适用外国法，合同纠纷均适用合同签订地的法律。因此，外国企业与伊朗公民或公司进行经贸合作产生的合同纠纷，都必须适用伊朗法律。

（四）法院判决

法官亲自听取原被告陈述，参加质证，根据案件事实和相关法律进行判决。如果法官认为有必要，可以在审理结束后邀请相关法律专家对案件提供意见。全过程完成后，法官宣布审理程序结束，做出判决并通知原被告各方。法院可以通过文书机构向当事人送达判决书，当事人也可以直接在法院领取判决书。

（五）上诉与重审

收到判决后，如果原告或被告不服判决，均可以向本省的上诉法院提起上诉。居住地在伊朗国内的当事人必须在20日内提起上诉；居住地不在伊朗国内的当事人必须在 2 个月内提起上诉。各省上诉法院设在省会城市，一般根据案件类型分为不同的上诉法庭。

案件进入上诉阶段后，上诉法院的相关上诉法庭将由 3 名法官组成合议庭重新审理一审判决，此前在一审阶段审理过该案件的法官不得参与上诉审判。首先，合议庭中的 2 名法官审理上诉案件，如果观点一致，则做出判决；如果观点不一致，则由第三名法官审理后，合议庭投票表决做出最终判决。根据法官意见，上诉阶段可以开庭也可以不开庭，法官可以决定询问证人进行质证，当事人也可以主动申请证人出庭作证。

上诉法院根据审理情况维持一审判决或者做出重新判决，上诉法院的判决结果为最终判决。如果当事人不服，可以向最高法院申请重审。最高法院对案件进行事实和法律适用审查，根据审查结果维持原判或发回原上诉法院重审。原审上诉法院接到重审通知后，必须对案件进行重审，但是重审判决不受最高法院的重审意见影响，即可以做出与原判决相同的重审判决。一般情况下，重审判决为最终判决，当事人不得再次申请重审。

特殊情况下，例如，涉及死刑、终身监禁、严重肉刑的特殊刑事案件和重大经济纠纷案件，当事人不服上诉法院重审判决的，可以再次向最高法院申请重审。最高法院重新审查事实和法律适用情况，根据审查结果做出维持原判或不同意原判的决定。如果最高法院不同意上诉法院的重审结果，则将案件提交给最高法院全体委员会。最高法院全体委员会审理案件时必须 2/3 以上的委员同时参加审理，按表决结果进行判决。最高法院全体委员会的判决结果为最终判决，不仅对该案当事人产生效力，而且可以作为判例与法律具有同等效力，在全国范围内成为后续法官审理判决的依据。

（六）执行

伊朗司法系统设有专门的执行部门。民事案件的原告依据法院生效判决向执行部门申请执行，并需要向执行部门提供希望执行的被告动产或不动产信息。执行部门根据原告意见，组织被告财产拍卖或直接进行所有权转移。

三、律师制度

依据伊朗《律师法》（1935 年 9 月 12 日颁布）规定，担任律师必须具备伊朗律师执业资格证书，获得执业资格后可以在全国范围内执业，没有地区或业务类型限制，但是只能在其律师协会注册地开设律师事务所。

律师执业资格申请人必须满足 4 个条件。一是经过大学教育获得法律学位；二是通过律师执业资格申请考试；三是经过 18 个月的实习；四是通过律师执业资格选拔考试，分为笔试和口试两个部分。律师执业资格证书必须每年接受年检。

伊朗律师必须接受伊朗律师协会管理。伊朗律师协会独立于司法系统，负责调查律师违反律师法的行为，违法律师不能通过年检，将被暂停或吊销执业资格。伊朗律师协会是唯一有权暂停或吊销律师执业资格的机构，如果司法部等行政机关认为某律师在执业过程中存在违法行为，必须向律师协会提出申请，经律师协会纪律部门调查后做出相应处理结果。

伊朗律师协会在各省省会城市设有分会，律师可以选择在德黑兰全国协会注册，或选择在各省分会注册。如果律师在某地设立律师事务所，则必须在该省律师协会分会注册。伊朗以外语为工作语言并承接外国企业案件的律所较少。

第三节　仲裁制度

一、仲裁法律基本内容

伊朗没有单独的仲裁法。《民事诉讼法》第454条至第501条规定了仲裁制度及其相关问题，适用于双方为伊朗或非伊朗法律实体（公民、公司或机构）的民事争议仲裁。争议当事人可以根据仲裁协议或合同中的仲裁条款向仲裁中心申请仲裁。争议当事人选择仲裁后，不得再就同一问题向法院提起诉讼。通常情况下，国内争议仲裁应在仲裁员接受委托后3个月内完成；国际争议仲裁在仲裁员接受委托后6个月内完成，在合理情况下可适当延长。婚姻关系、亲子关系和破产问题不得仲裁。

伊朗是《纽约公约》缔约国，因此在公约成员国做出的国际仲裁裁决可以在伊朗执行，并且之前已经有先例。但国际仲裁裁决的执行仍然存在很多限制，一是依据伊朗《宪法》第139条，涉及公共财产或国有财产所有权的争议仲裁必须经过部长委员会批准并告知议会；如果争议问题金额巨大或社会影响重大，或者争议一方为非伊朗法律实体，则争议仲裁必须经过部长委员会和议会的批准才能执行。二是伊朗仅承认在《纽约公约》缔约国领土内做出的仲裁裁决。三是《纽约公约》的适用局限于伊朗法律下的商业法律关系引起的纠纷。

二、仲裁机构

伊朗有2个仲裁机构，一是伊朗工矿农商会仲裁中心（Arbitration Center of Iran Chamber of Commerce，Industries，Mines and Agriculture，ACIC），简称伊朗商会仲裁中心，是伊朗工矿农商会（ICCIMA）的内设机构，隶属于伊朗工矿贸易部，位于首都德黑兰；二是德黑兰区域仲裁中心（Tehran Regional Arbitration Centre，TRAC），是亚非法律协商组织（Asian – African Legal Consultative Organization，AALCO）的内设机构，负责该组织成员国企业在西南亚和波斯湾地区内的商事争议仲裁。2 个仲裁机构都依据伊朗《民事诉讼法》、伊朗《国际商务仲裁法》、联合国国际贸易法委员会（UNCITRAL）规则以及仲裁机构章程、规定进行仲裁。

实践中，大多数争议都通过伊朗商会仲裁中心解决。该仲裁中心于 2002 年 2 月经伊朗议会批准设立，是伊朗第一家也是最主要的通过仲裁或和解方式解决国内、国际经济争议的官方机构。仲裁中心内设执委会、秘书长和秘书处。执委会由 7 名执委组成，分别是伊朗商会主席、副主席、秘书长，德黑兰商会主席和伊朗商会代表委员会推选的 3 名国内知名企业家。仲裁中心秘书长由执委会在伊朗知名经济法律专家中推举，任期 3 年，负责仲裁中心行政事务。仲裁中心负责从伊朗律师和商人中挑选通晓国内、国际商务法律知识的专家，建立仲裁员库。仲裁申请人可以从仲裁员库中挑选仲裁员。仲裁中心执委和秘书长不能担任仲裁员。除前述仲裁依据法律法规之外，伊朗商会仲裁中心还依据《伊朗商会仲裁中心仲裁规则》（2007 年 11 月 17 日颁布）和《伊朗商会仲裁中心仲裁费用规则》（2006 年 3 月 13 日颁布）进行仲裁。

伊朗商会仲裁中心位于伊朗工矿贸易部德黑兰办公区内，具体地址如下：

德黑兰市 Talegani 大街 175 号 3 楼，邮编 1583648499

电话：（98 –21） 88846048

传真：（98 –21） 88810545

网址：www. arbitration. ir

伊朗商会仲裁中心受理的国内仲裁应在其德黑兰总部进行，争议当事人另有约定的除外。仲裁中心受理的国际仲裁应依据争议当事人约定选择仲裁地，没有约定则由仲裁中心指定。国际仲裁过程中，仲裁员可以根据个人意愿选择地点分析案情、组织听证、询问证人或专家以及查询资料、证据。但是，仲裁裁决必须在事先确定的仲裁地做出。

三、仲裁协议

仲裁协议是合同或非合同法律关系的当事人之间关于通过仲裁方式解决未来争议的约定，仲裁协议可以是独立的合同，也可以是合同中的仲裁条款。

如果法律实体（通常为合同当事人）之间签订仲裁协议或在合同中约定仲裁条款，或一方提出仲裁申请并且另一方接受，则伊朗商会仲裁中心拥有管辖权，法律实体之间因合同履行问题而引发的争议由其解决。

争议一方当事人提起仲裁后，即使另一方拒绝仲裁请求，仲裁中心仍可以根据仲裁协议进行仲裁。但是如果另一方当事人对仲裁协议的真实性和有效性提出效力异议，仲裁中心必须先解决仲裁协议的效力异议问题。如果仲裁中心不能确定仲裁协议的真实性和有效性，当事人应向拥有管辖权的法院（通常是德黑兰公共法院的民事法庭）申请裁定仲裁协议效力。

伊朗商会仲裁中心提供的仲裁条款模板如下："争议解决：由本合同引发或与本合同相关的全部争议和要求，包括合同签订、有效性、结束、违约以及解释、适用等方面的争议都应提交至伊朗工矿农商会仲裁中心（ACIC），由仲裁中心的1名或3名仲裁员依据《仲裁中心仲裁规则》进行约束性的最终仲裁。在适用法律和规则之外，仲裁员应考虑相关贸易术语。本仲裁条款应被视为独立于本合同的仲裁协议，在任何情况下都具有约束效力。”

四、仲裁员选任

仲裁员是指独任仲裁员或若干名仲裁员组成的仲裁庭。争议当事人可以在仲裁协议中约定仲裁员人数和选任方式。如果争议当事人未在仲裁协议中约定仲裁员选任事项或就此存在争议，争议当事人向仲裁中心提出仲裁申请后，应按照仲裁中心的规定选任仲裁员。仲裁中心规定如下：

1. 如果争议当事人约定选任 1 名独任仲裁员，仲裁中心根据案件情况，向争议当事人提出 1 名仲裁员候选人；如果当事人反对该候选人，应在得到通知后的 15 日内向仲裁中心秘书处提交书面反对意见。如果仲裁中心接受了争议当事人的合理反对意见，将再提出 1 名仲裁员候选人。如果仲裁中心不接受反对意见，在仲裁员候选人接受任命后，仲裁中心将全部仲裁资料转交给该仲裁员，启动仲裁程序。

2. 如果争议当事人约定选任若干名仲裁员组成仲裁庭，则当事人各方在仲裁中心规定的时间内各自提出 1 名仲裁员候选人。各方同意后，在已选任的仲裁员中提名 1 人担任首席仲裁员。如果一方当事人未能在规定时间内提出仲裁员候选人，则由仲裁中心代其提出仲裁员候选人和首席仲裁员候选人。如果当事人反对，应在得到通知后的 15 日内向仲裁中心秘书处提交书面反对意见。如果仲裁中心接受了反对意见，将重新提出其他候选人。

3. 如果争议当事人在仲裁协议中事先选定的仲裁员未接受仲裁邀请或不能担任仲裁员，争议当事人必须重新选任仲裁员或授权仲裁中心选任仲裁员，否则仲裁程序将终止。

4. 争议当事人和仲裁中心选任的仲裁员必须来自仲裁中心的仲裁员库。如果当事人选任仲裁员库之外的其他人担任仲裁员，仲裁中心执委会应对该人进行审核，审核通过后将其纳入仲裁员库。

5. 争议当事人一方或各方为非伊朗法律实体时，除非各方同意，否则独任仲裁员或首席仲裁员不能与争议当事人具有相同国籍。

6. 当争议当事人为两方以上时，应各自提出 1 名仲裁员候选人；如果各方无法就仲裁员选任达成一致，则仲裁中心指定由 3 名仲裁员组成的仲裁庭。

五、法律适用

如果争议当事人各方同意由仲裁员决定法律适用问题，仲裁员应依照公平合理原则进行选择。在国际经济争议仲裁中，争议当事人可以选择仲裁适用的法律；争议当事人未选择的，由仲裁员决定。仲裁员应根据争议合同的相关条款，选择适用的贸易术语。

六、仲裁调查

争议当事人与仲裁中心共同确定仲裁地、仲裁员后，正式进入仲裁调查程序。仲裁过程由独任仲裁员或仲裁庭主持，仲裁中心和仲裁员平等对待争议当事人各方，使各方有充足的机会提出主张或辩护，提交相关证据。争议当事人可以通过书面形式选派 1 名代表、1 名代理律师、1 名助理、1 名顾问参与仲裁。

1. 争议当事人缴纳仲裁费，仲裁中心秘书处将案件资料转给仲裁员。

2. 收到案件资料后，独任仲裁员或仲裁庭在 15 日内完成调查报告。仲裁中心秘书处可以根据仲裁员申请适当延长调查时间。调查报告的内容包括争议当事人全称、地址、关键信息，争议当事人的主张和已经寻求的救济，仲裁员的相关信息，仲裁语言，仲裁时间计划、听证安排、过渡措施等各项细节要求，争议当事人对仲裁员的授权等。调查报告应有全体仲裁员和争议当事人签字确认，如果某方争议当事人拒绝参与调查或联系不上，则仲裁员将调查报告送交仲裁中心，仲裁中心批准后，调查报告生效，仲裁继续进行。

3. 调查报告完成后，争议当事人各方不能修改或增加仲裁主张。但是，如果仲裁员认为修改或增加的仲裁主张不会拖延仲裁程序，也不会对其他争议当事人造成负面影响，则可以同意变更。争议当事人一方修改或增加仲裁主张后，其他当事人有权做出回应。

4. 仲裁员通常根据仲裁资料中的证据审理案件。如果仲裁员认为有必要，可以组织听证，当场询问证人、有专门知识的人或调查相关证据资料。听证应全程录像，如果各方同意，也可以不录像而进行文字记录。

5. 仲裁员可以随时要求争议当事人提交额外证据或辩护解释。如果仲裁申请方无正当理由未能在规定期限内提交仲裁员要求的证据或辩护解释，仲裁员无法根据现有证据资料进行仲裁，则仲裁员宣布仲裁结束，仲裁主张不成立。如果仲裁辩护方无正当理由未能在规定期限内提交仲裁员要求的证据或辩护解释，仲裁申请方也无正当理由未能在规定期限内提交仲裁员要求的证据或辩护解释，仲裁员依据现有证据资料能够做出仲裁裁决的，继续进行仲裁；仲裁员依据现有证据资料不能做出仲裁裁决的，宣布仲裁结束，仲裁主张不成立。

6. 争议当事人各方都得到充足机会提出仲裁主张、提供证据资料、做出辩护解释之后，仲裁员宣布调查程序结束。调查程序结束，任何争议当事人都不能提出主张、证据和解释。

七、仲裁裁决

如果争议当事人各方在仲裁调查过程中达成和解协议，仲裁员应根据争议当事人的要求制作仲裁裁决书，记录和解条款及和解方式，终止仲裁程序。

未发生上述情况的，仲裁员应在调查程序结束后20天之内向仲裁中心秘书处提交仲裁裁决草案。仲裁员可以正当理由申请延迟提交裁决草案，延迟申请只能提出一次。

仲裁裁决草案应包括下列内容：介绍，包括案件编号，裁决日期和调查地点，争议当事人信息；摘要，包括争议当事人各方的处境、主张，听证过程和证据资料分析情况；裁决，包括仲裁主张的主要内容、救济方式、裁决理由（如果争议当事人一致要求不记录裁决理由，可以不记录）；执行部分，包括相关各方根据裁决应该履行的义务；仲裁时间和地点。

仲裁中心秘书处将安排专门机构对仲裁裁决草案进行审查，主要审查程序和主体内容。仲裁员可以接受或拒绝仲裁中心关于主体内容的审查意见，但是必须接受其关于程序的审查意见。审查通过后，仲裁员签署仲裁裁决书，仲裁裁决生效。

依据《民事诉讼法》，仲裁裁决书经仲裁员签字后生效。仲裁中心秘书处对仲裁裁决书进行编号记录，并对仲裁裁决书逐页盖章。仲裁裁决书原件由仲裁中心保管，争议当事人各方将获得一份经核实的副本，与原件具有同等效力。

八、仲裁裁决的执行

仲裁裁决属于终局裁决且具约束效力，争议当事人各方应按照仲裁申请接受仲裁裁决的约束效力。如果争议当事人一方在仲裁裁决做出后 20 日之内不履行，且该争议当事人是伊朗工矿农商会会员，争议当事人另一方可以向伊朗商会纪律委员会申请援助。此外，争议当事人可以向有管辖权的法院提出书面请求，请求法院执行仲裁裁决。

一般情况下不得就仲裁裁决提起上诉。但是，当仲裁为国际仲裁时，争议当事人一方可以依据《国际商务仲裁法》基于特定理由申请驳回仲裁裁决。请求驳回裁决的一方应在发出裁决通知之日起 3 个月内向有管辖权的法院提出该请求。在这个时限以外提出的请求不予考虑。可以申请驳回仲裁裁决的理由如下：

1. 争议当事人一方没有进入仲裁程序的能力。

2. 根据双方选择管辖仲裁协议的法律，当事方订立的仲裁协议为无效，或如果没有指定管辖法律的，仲裁协议明显违反伊朗法律。

3. 未能遵守有关请求仲裁服务或仲裁员委任通知的《国际商务仲裁法》规定。

4. 仲裁庭没有根据仲裁协议的条款正确组成，或如果仲裁协议没有规定仲裁庭的构成，仲裁庭没有根据《国际商务仲裁法》的条款正确组成。

5. 要求驳回裁决的一方由于超出其控制的原因未能在仲裁期间提交其证据和文件。

6. 如果仲裁员做出的任何裁决或裁决的任何部分被裁定不属于该仲裁员的职权范围。应该注意的是，如果裁决由独立部分组成，则仅将驳回不属于该仲裁员职权范围的部分。

7. 仲裁裁决基于仲裁员的意见做出，而该仲裁员被认定不具备履行其职责的能力。

8. 仲裁裁决基于在仲裁程序期间提交的文件，而该文件被证实为伪造。

9. 在发出仲裁裁决之后，发现对方拒绝提供或隐瞒证据，而该证据与该方申请驳回裁决相关。

10. 可以驳回仲裁裁决的其他理由包括：仲裁标的被视为危害公共或国家安全；该裁决涉及位于伊朗的不动产；仲裁标的不能通过仲裁解决。

第四节　政治解决

政治解决是通过协商与谈判、斡旋与调停以及调查与调节等和平方式解决国际争端的一种手段。政治解决一般是在平等的国际法主体之间进行的，政府高层间的协商和谈判对企业重大投资项目的达成、启动和实施起着至关重要的作用。

近年来，中国与伊朗在政治、经贸等领域的友好合作关系平稳发展。2013 年 9 月，习近平主席在上海合作组织比什凯克峰会期间与伊朗总统鲁哈尼会晤。2015 年 4 月，习近平主席在印尼雅加达出席亚非领导人会议期间会见伊朗总统鲁哈尼。同年 9 月，习近平主席在纽约出席联合国成立 70 周年系列峰会期间会见伊朗总统鲁哈尼。2016 年 1 月，习近平主席对伊朗进行国事访问，两国建立全面战略伙伴关系。

此外，2013 年 12 月，杨洁篪国务委员访问伊朗。2014 年 11 月，中共中央政治局委员、中央政法委书记孟建柱访问伊朗。2016 年 11 月，国务委员兼国防部长常万全上将访问伊朗。2017 年 4 月，国务院副总理刘延东访问伊朗。2013 年 10 月，伊朗议长拉里贾尼访华。2014 年 5 月，伊朗总统鲁哈尼访华并出席在上海举行的亚信峰会。2016 年 12 月，伊朗外长扎里夫访华并举行中伊外长年度会晤机制首次会议。两国高层保持接触增进了双方政商两界之间的互信，为纠纷争议的政治解决创造了良好的条件。

一、协商与谈判

协商与谈判是解决国际争端中运用最为广泛的方式。与其他类型的政治解决方式相比，协商与谈判的共同的特点是没有第三方介入，仅在争议双方之间进行。其中，协商一般是为防止争议而在争议出现前进行的。而谈判一般是在出现争议之后采取的解决方式。在国际法的司法实践中，国家并不负有绝对的谈判义务。实践中，某些国家在争议解决中承担的谈判义务，是因签订双边条约或参加国际公约而产生的。中国与伊朗于2000年6月签订《中华人民共和国政府和伊朗伊斯兰共和国政府关于相互促进和保护投资协定》第12条约定，东道国缔约一方和缔约另一方的投资者之间就投资产生的任何争议，应首先努力以友好的方式通过谈判和协商解决。

不同国家的个人和企业之间以及国家和他国国民之间的投资协议中通常也会约定协商、谈判为解决争议的前置程序。在此情况下，争议双方应首先进行友好谈判，谈判不成的，才能选择其他方式解决争议。依据《中华人民共和国政府和伊朗伊斯兰共和国政府关于相互促进和保护投资协定》，东道国缔约一方和缔约另一方的投资者之间就投资产生的任何争议，应首先努力以友好的方式通过谈判和协商解决。6个月内未能达成一致，任何一方可将争议提交东道国缔约一方有管辖权的法院或根据其相关的法律和规定提交三人仲裁庭。

二、斡旋与调停

斡旋与调停是在争端当事方在谈判遇到困难或者谈判未成功

的情况下，由第三方进行干预，并促使当事方通过谈判解决争端的方式。斡旋者起的是中间人的作用，其帮助双方传递信息、转达双方的建议，为促成谈判提供便利；而调停者起着更加积极的作用，除促进争端双方进入谈判外，还向双方提出实质性建议并且参与谈判。

三、调查与调解

调查与调解方式更适合解决因事实不清而引起的国际争端。实际上，解决争端的司法方法如仲裁和诉讼都会包括调查的程序。但这里的调查方式，是指通过成立调查委员会的形式独立解决国际争端。调查委员会可以是争端当事方在争端发生后临时设立的专门结构，也可以是事先通过协议建立的常设机构；调解是争端当事方将争端提交给调解委员会等专门机构，由专门机构指定调解人进行调解。在伊朗，特定政府部门，例如工矿贸易部下属的伊朗商会，可以作为调解的专门机构。

四、争议解决的国际法机制

通常情况下，中国企业在外国开展经营活动，如果与合资合作伙伴或所在国政府发生争议，不仅可以利用所在国当地的诉讼、仲裁法律途径解决争议，还可以借助一些国际法律制度来维护自身的合法权益。但是，由于伊朗既不是《关于解决国家与他国国民之间投资争议公约》（华盛顿公约）的缔约国，也不是世界贸易组织（WTO）的成员国，因此外企在伊朗无法通过现有的主要国际法机制寻求国际投资争端解决中心（ICSID）或世贸组织的帮助。

此外，中国与伊朗之间没有设立自由贸易区，中国企业也无法利用中国与其他亚洲国家之间的自由贸易区投资争端解决机制。

第五节　司法救济风险与防范

一、风险分析

伊朗司法体系结构严密，立法完善，执法情况较好，通过司法救济方式化解外商投资经营过程中遇到的风险或纠纷的可能性较大。但是，伊朗司法系统效率较低，存在一定程度的腐败现象，因此司法救济时间较长，可能会影响中国企业的其他经营，造成额外损失。此外，伊朗政府关于税收、工资、外汇方面的政策规定变化频繁，客观上增加了中国企业寻求司法救济过程中选择适用法律的风险。

特别提示：中国企业在伊朗经营可能会导致其违反美欧等国的法律，遭受其制裁，增加中国企业所属的企业集团在全球范围内的法律合规风险。例如，2017 年 3 月，中兴通讯股份有限公司因违反美国《国际紧急经济权利法》（IEEPA）、《出口管制条例》（EAR）、《伊朗交易与制裁规定》（ITSR）等法规，受到美国政府处罚。

二、防范措施

中国企业应从三个方面加强司法救济防范措施：一是加强日

常法律管理，定期组织收集、分析、评价业务所在国的法律法规及其最新变化，重点关注行政法中的强制性或禁止性规定，及时有效地拿出针对性措施，与优秀的伊朗律师事务所建立联系，做好法律风险防控工作。二是加强合同管理，防控交易纠纷风险，提前做好争议解决预案，对投资经营中可能出现争议的问题进行分类处理，做好证据资料搜集工作。对争议发生后采取诉讼、仲裁方式解决进行提前筹划，充分预估解决时间和成本。三是持续改进各项投资经营工作，及时总结争议原因和教训，避免类似问题发生。

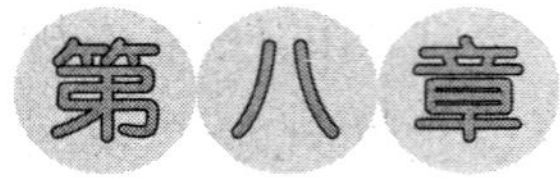

伊朗其他法律风险防范提示

第一节 国家安全审查

一、国家安全审查制度概述

伊朗无专门的关于国家安全审查制度的法律，相关规定体现在《鼓励和保护外国投资法》中。该法第 2 条规定，伊朗接受外国投资的一般条件是该投资不威胁国家安全和公共利益。

然而，实践中伊朗法律就外商投资过程中就国家安全问题的审查机关、审查标准、审查流程等的规定并不明确。

二、针对国有企业的审查

《鼓励和保护外国投资法》第 4 条规定外国政府在伊朗的投

资须经议会以个案方式批准。外国国有公司的投资视为私有公司的投资。实践中，伊朗政府或国有企业可能会对财力、技术、信用能力较强的外国国有企业投资者更加青睐。例如，具有投标伊朗石油合同（IPC）资格的主体大多为国有企业[①]。

三、伊朗国家安全审查及风险提示

若中方在对外投资过程中与伊方签订的任何合同，需要获得伊朗国家机关的批准或在伊朗国家机关进行报备后合同方可签署或生效，则中方投资者需注意防范该机关以国家安全审查为理由拒绝对有关合同的批准或备案。相应地，对有关合同中的保密条款、地理信息、知识产权、土地与水资源等权属、外汇条款的草拟和谈判需要考虑这些条款面临从国家安全角度进行的审查时，伊朗有关部门可能会提出的质疑。

第二节　外交保护

一、外交保护概述

外交保护是指，对于其他国家的国际不法行为给属于本国国民的自然人或法人造成损害，依照所在国法律用尽了一切当地的行政和司法救济手段仍不能获得补救时，以国家的名义通过外交

① 29 家公司名录参阅 NIOC 网站：http：//en. nioc. ir/Portal/File/ShowFile. aspx？ ID =0b0b8c26 -c6af -45f6 -9aa3 -a2995a7ac710。

行动或其他和平解决手段要求另一国承担、履行责任。

根据主权原则，一国对具有本国国籍的人享有管辖权。国家对其国民采取的外交保护行为是国家的主权行为，是根据国家属人优越权（Personal Supremacy），即“属人管辖权”而确立的。

外交保护经常适用的情况有：国民被非法逮捕或拘禁；国民财产或利益被非法剥夺；国民受到歧视性待遇；国民遭受“司法拒绝”等。这里所谓的“司法拒绝”，通常是指受害者无论通过行政或司法程序寻求救济均遭拒绝，或变相拒绝，如有关机关无故长期拖延。

国家对本国国民进行外交保护包括要求该外国进行救济或承担责任，行使的方式大体上分为外交行动和司法行动。外交行动如向国际不法行为国提出交涉或抗议，为解决争端要求进行调查或谈判等。司法行动包括诉诸国际法院等国际司法机构或其他国际仲裁机构。

外交保护有如下特点：外交保护是国家的权利，是否对其国民行使外交保护，是国家自由决定的事情；国家是以自己的名义，而非其国民的代理人的身份，提起外交保护；国家行使外交保护，是因为其国民受到另一国的国际不法行为带来的损害。如果损害并非该另一国的国际不法行为，或者是因为本国国际不法行为所致，不引起外交保护；外交保护通过外交或法律的和平解决方式进行；外交保护是促使责任国履行其责任的方式。

外交保护不同于投资保护。投资保护是国家之间双边或多边投资条约确立的保护对方投资者投资的原则和同意仲裁或调解争端的解决机制。投资保护排斥外交保护。投资保护使投资者能够直接在国际仲裁机构就其自己的权利寻求国际救济，投资者的国籍国不得干涉。而且，投资保护是非政治的一般性机制，受制于客观法律标准；外交保护是一种剩余机制，只有在受影响的投资者没有直接渠道寻求赔偿时才诉诸外交保护。投资保护与外交保护也存在联系。当东道国不履行对其不利的仲裁裁决时，投资者的国籍国则可以行使外交保护。

外交保护与领事保护不同。领事保护是派遣国的外交、领事机关或领事官员，在国际法允许的范围内，在接受国保护派遣国的国家利益、本国公民和法人的合法权益的行为，与外交保护有本质区别。外交保护起因于外国的国际不法行为，依据国际法采取外交行动或其他和平解决程序，是国家间的关系，国家取得代位求偿权，适用国际法，目的在于促使责任国履行其国家责任；领事保护与外国的国际不法行为无关，是在符合外国国内法的基础上协助本国人或要求当地政府为其提供便利，如帮助聘请律师、探视被羁押人员或协助撤离危险地区等。

二、外交保护的限制

国家行使外交保护必须遵守以下三个条件[①]：外国的国际不法行为造成损害；受保护者具有保护国国籍；用尽当地救济。

（一）外国的国际不法行为造成损害

国际不法行为是违反一国所承担的国际义务并可归于该国家的行为。行为的主体既包括国家机关和代表国家或经授权行使国家权力的人所作的行为，也包括在国家及其政府纵容下，未经授权的私人所作的行为。

从国家的直接行为来看，国际不法行为包括以下内容[②]：国家本身的行为；国家授权的不法行为；非代表国家行使的个人的不法行为；革命和叛乱起义的不法行为。

① 本部分内容来自程晓霞、余民才主编：《国际法》，中国人民大学出版社 2015 年版，第四章。

② 孙珩超：《论国际法上的国际责任》，载于《宁夏大学学报（人文社会科学版）》2010 年第 2 期。

从国家的间接行为来看，国际不法行为包括以下内容[①]：一国对他国的援助；一国受他国胁迫而犯某一项国际不法行为；一国在其受他国指挥或控制权支配的活动领域内犯国际不法行为。

（二）受保护者具有保护国国籍

有权行使外交保护的国家是国籍国。国籍国提起外交保护需满足国际持续原则，即从发生损害之日到正式提出求偿之日，受害人持续具有请求国国籍。如果在这两个日期受害人都持有该国籍，则推定该国籍是持续的。

（三）用尽当地救济

国籍国在为受害自然人或法人提出外交保护之前，该受害自然人或法人必须首先用尽责任国通过普通的或特别的司法或行政法院或机构提供的一切法律救济，包括行政和司法救济手段。该原则适用于国民或法人权益被侵害的一般情况，不适用于国家本身权益受侵害或国家之间有另外协议的情况。只有在用尽当地所有行政的、司法的救济手段之后仍未得到合理救济时，他的国籍国方可进行外交保护，通过外交途径寻求赔偿或救济。

但是在下列情况下，则无须用尽当地救济：不存在合理的、可利用的、能提供有效补救的当地救济，或当地救济不具有提供此种补救的合理可能性；救济过程受到不当拖延，并且这种不当拖延是由责任国造成的；受害人与责任国之间在发生损害之日没有相关联系（如不在责任国领土内）；受害人明显地被排除了寻

① 孙珩超：《论国际法上的国际责任》，载于《宁夏大学学报（人文社会科学版）》2010 年第 2 期。

求当地救济的可能性；责任国放弃了用尽当地救济的要求。

对于境外投资，本国还有其他多种应优先考虑的保护途径，例如签订双边或多边投资条约、对可能遇到的政治风险提供保险、提供资金援助和服务、进行领事保护等①。外交保护权的行使则更加谨慎。

综上所述，外交保护是属人管辖权的重要体现，本质上是处理国家间关系的制度，是将国家与私人之间的事情转化为两个国家之间的事情；无论本国公民是否提出请求，国家都可以自行做出保护或拒绝保护的决定。换言之，国家有权根据形势发展，考虑双边关系等各种因素，在国际法许可的范围内，决定是否为其公民或法人提供外交保护，在何种程度上提供保护以及何时提供保护等。另外，国家只有在符合上述条件的情况下才能行使外交保护权，同时不得以外交保护为借口干涉他国内政或侵略别国。

三、中国政府关于外交保护的实践

中国政府对境外投资进行外交保护目前没有直接相关的案例，故摘取了相关的外交保护和领事保护实践，以及伊朗的外交保护实践供参考。下面就其他国家在伊朗的外交保护案例作一简单介绍：

（一）英伊石油公司案

1933 年 4 月，伊朗政府与英国一家私有公司（英伊石油公司）签订协定，授予后者在伊朗境内开采石油的特许权。1951

① 孙珩超：《论国际法上的国际责任》，载于《宁夏大学学报（人文社会科学版）》2010 年第 2 期。

年3~5月间，伊朗议会颁布若干法律，宣布对其境内的石油工业实行国有化的原则，并规定了有关程序。这些法律的实施引起了伊朗政府与英伊石油公司的争端，英国政府支持该英国公司的主张并行使外交保护权，于1951年5月26日以单方申请的形式在国际法院对伊朗提起诉讼。英国认为，根据两国曾发表过的愿意接受国际法院强制管辖的声明，国际法院对本案具有管辖权。1932年伊朗的声明指出，对于伊朗接受的条约或公约所发生的争端，愿意依照《国际常设法院规约》第36条第2款接受国际常设法院的管辖。英国认为英伊石油公司与伊朗签订的协定，既是一项特许权契约，又是伊朗与英国政府之间的国际条约，属于声明中的“条约或公约”，是国际法，伊朗具有国际义务，国有化属于国际不法行为。而伊朗则认为协定并非国家政府间签订的协议，并非条约或公约。

国际法院在判决中指出，由于法院只能在双方声明相吻合的范围内具有管辖权，因此法院管辖权必须有管辖范围根据限制性的声明来决定。在此，法院认为，对于解释伊朗政府于1932年做出的声明，要以自然合理的方式解读，并充分考虑伊朗做出声明时的意图和上下文中的通常意义。因此，法院认为该协定并非国际条约，其没有管辖权，应依据国内法进行调整。

（二）美国驻德黑兰的外交和领事人员案[①]

1979年11月4日，在美国驻德黑兰使馆外示威的一部分伊朗人袭击了美国使馆。尽管美国使馆一再请求伊朗当局给予帮助，但伊朗的保安部队并没有进行干预或试图解除这一局势。结果，美国使馆的整个馆舍被侵占，美国使馆人员和当时位于使馆内的来宾均遭逮捕。此后不久，美国驻伊朗大不里士和设拉子的

① 国际法经典案例总结：https：//www. douban. com/group/topic/33545488/。

领事馆也在伊朗当局未采取任何制止措施的情况下遭到占领并洗劫了使馆及其领事部的档案和文件，将至少28名使馆外交人员、至少20名使馆行政技术人员和其他两名美国国民扣押在使馆馆舍内作为人质。此外，美国驻伊朗代办及另两位外交人员也被扣押在伊朗外交部的建筑物之内。扣押人质者在11月18日和20日先后释放了13名人质，但从此后拒绝释放其他人质，以迫使美国满足他们提出的各种要求。据称，人质们经常被捆绑和蒙面，处于极端困难和与世隔绝的境地且受到审判甚至被处死的威胁。自美国使馆遭到占领之后，伊朗政府未采取任何措施来终止对美使馆馆舍及其人员的侵犯行为，也未对美使馆及有关人员遭受的损害进行赔偿，相反却对伊朗人占领使馆和扣押人质的行为表示赞同和认可，并拒绝与美国就此问题进行谈判。

1979年11月29日，美国政府向国际法院书记处递交了一份申请书，对伊朗提起诉讼，请求法院判决并宣布：伊朗政府因容许、鼓励以及未加防止和惩处伊朗人侵犯美国使领馆及其人员的行为，违反了它根据1961年《维也纳外交关系公约》、1963年《维也纳领事关系公约》、1973年《关于防止和惩处侵害应受国际保护人员包括外交代表的罪行的公约》、1955年《美伊友好、经济关系和领事权利条约》和《联合国宪章》的有关条款对美国所负的国际法律义务；依上述国际法律义务，伊朗政府负有特别义务立即保证释放目前被扣押在美国驻德黑兰使馆馆舍内的所有美国国民，并保证允许所有这些人员以及在德黑兰的其他所有美国国民安全地离开伊朗；为维护美国自身的权利和它对其国民进行外交保护的权利，伊朗政府应按照法院确定的数额，就其前述违反其对美国所负的国际法律义务的行为向美国支付赔偿；伊朗政府应将对美国使馆馆舍、使馆人员和领馆馆舍犯有罪行的有关人员交送本国主管当局追诉。同年12月9日，伊朗外交部部长代表伊朗政府致函国际法院，认为法院“不能，也不应审理此案”，理由是这一所谓人质问题涉及美国过去25年向在伊朗从事的“无耻剥削”、颠覆合法政府、干涉内政等各种违反国际法和人道准则的活动，它仅仅是这一全面问题的“一个非中心的和次要的方面”，而且是伊朗伊斯兰革命所引起的反响之一，而对这种反响的任何审查“在本质上直接属于伊朗国家主权范围之内的事项”。

1979 年 12 月 10 日，国际法院在伊朗未出庭的情况下开庭审理本案。次年 5 月 24 日，法院就本案实质问题做出判决，法院认为，作为外交代表的接受国的伊朗有义务采取适当步骤保护美国使馆不受侵犯。在 1979 年 11 月 4 日的事件中，伊朗当局能够充分认识到它们根据有效条约所负担的义务，也能充分认识到迫切需要它们采取行动，而且也拥有受其支配的、可用来履行其义务的手段，但对于袭击使馆的行为没有采取任何预防和制止措施，也没有迫使袭击者撤出使馆馆舍和释放人质。在美国使馆遭到占领以后，伊朗政府有义务采取一切适当步骤以结束对使馆馆舍及使馆人员的侵犯，并赔偿由此造成的损害，但它并没有履行这些义务，反而立即对这些侵犯行为表示认可，并决定长期维持这些行为所造成的局面，以此作为对美国施加压力的手段。在这种情况下，袭击者的行为转化为伊朗国家的行为，袭击者成为伊朗的国家机关，伊朗国家应对他们的行为负担国际责任。法院并不认为存在着可使伊朗政府的行为成为正当的“特殊情况”。在法院看来，即使伊朗政府对美国政府的指控属实，它也应用外交法所规定的正背手段来追究美国及其外交代表的责任，而不应对其使馆及其人员采取强制措施。法院据此做出以下判决：法院以 13 票对 2 票判定，伊朗由于实施了法院在本判决中所确认的行为而在某些方面违反了（且仍在违反）它根据美、伊两国间有效的国际条约和长期公认的一般国际法规则对美国所负担的国际义务；法院以 13 票对 2 票判定，伊朗因违反这些义务的行为而对美国负有国际法上的责任；法院以 15 票对 0 票判定伊朗政府必须立即采取一切步骤以对 1979 年 11 月 4 日及此后事件所导致的局势进行补救，为此目的，必须：立即终止对正在伊朗被扣作人质的美国代办、其他外交和领事人员以及其他美国国民的非法扣押，而且必须立即释放所有这些人员，并将其委托给第三国保护；保证所有上述人员取得离开伊朗所必需的一切手段，包括运输工具；立即将美国驻德黑兰使馆及其驻伊领馆的馆舍、财产、档案和文件交由保管国保管；法院以 15 票对 0 票判定，不得将任何美国外交或领事人员扣留在伊朗，以对其实施任何形式的司法程序或使其在这些司法程序中作证；法院以 12 票对 3 票判定，伊朗政府有义务赔偿 1979 年 11 月 4 日及此后事件给美国造成的损害；法院以 14 票对 1 票判定如当事国不能达成协议，此种赔偿的形式和数额应留待法院在本案随后的程序中予以确定。

法院上述实质判决作出之后，美、伊双方在阿尔及利亚的斡旋之下进行了紧张谈判，并于 1981 年 1 月 19 日达成协议。次日，美国人质全部获释。美国随后请求法院中止关于赔偿要求的诉讼，法院据此将本案从其案件总表上注销。

第三节　特许协议

一、特许协议概述

特许协议一般是指国家和投资者签订的，授予投资者开发该国自然资源和从事公共事业的特许资格的合同。在自然资源尤其是能源投资的语境下，特许协议具体可能表现为特许（Concession）、许可（License/Permit）、租约（Lease）、产品分成协议（Product Sharing Contract）、技术服务协议（Technical Service Contract）或回购协议（Buy Back Contract）等形式。

其中特许、许可或租约下，国家一般给予投资者一块土地或油气田的开采权，投资者自己承担成本和风险，分享开采成功的收益。同时在这种情形下，投资者拥有较大的自由度，因为政府通常不干预投资者的正常经营。该特许经营形式主要在英国、加拿大、澳大利亚、日本等发达国家使用。

二、特许协议实践——以 IPC 合同为例

2015 年，伊朗宣布了将采用 IPC 合同（New Iran Petroleum Contract，新伊朗石油合同）取代回购协议作为新的油气投资协议的消息。IPC 合同主要条款于 2016 年 7 月得到伊朗政府经济咨询机构的批准，并于 8 月 3 日经议会（部长会议决议）审议通过。2017 年 7 月 3 日，由中国石油、法国道达尔及当地伙伴组成的联合体在伊朗石油部与伊朗国家石油公司签署南帕斯 11 期天然气开发合同。该合同是 IPC 合同条件下签署的第一个合同，合同面积达 98 平方公里，合同期为 20 年，道达尔公司持股 50.1%，中国石油持股 30%，当地伙伴持股 19.9%，道达尔为作业者。

（一）IPC 合同的授予与签约程序

1. 投标资格预审。2016 年 10 月到 2016 年 12 月期间，伊朗国家石油公司为筛选未来有资格参与伊朗上游油气项目投标的公司，在全球石油公司范围内开展了对石油公司投标资格的预审。伊朗国家石油公司就本轮招标发布了《上游油气项目投标资格预审问卷（Pre-qualification for Iran's Oil and Gas Upstream

Projects – Tender Rounds)》（“资格预审问卷”），其中规定了资格预审和招投标的程序等其他规定。

该轮招标的法律依据是2016年8月6日颁布的伊朗第57225号法令和2015年1月颁布的《招投标法》。

投标人在规定的时间内填写并提交伊朗国家石油公司设计的表格，并接受伊朗国家石油公司的评估。投标资格预审的审查内容主要包括：投标人的信用状况（国际声誉、长期信用评级等）；规模（在产井数量、储量、产量、收入、利润、市值、资产、债务、油气运输服务经验等）；国际性（国际经验、管理能力等）；技术能力（作业经验、技术知识储备与管理、技术计划能力、人力资源的专业性和资格、进出口经验、伊朗经验等）。资格预审的通过结果两年有效。

2016年底，伊朗国家石油公司公布了29家通过资格预审的国际石油公司（包括中石油国际、中石化、中海油等）[①]。这些公司将有资格在此后两年内，获伊朗国家石油公司邀请，参与对伊朗上游油气田项目的投标。

2. 项目公示。根据“资格预审问卷”，伊朗国家石油公司在资格预审过程中公布了50项伊朗潜在油气田投资项目。其中，新开发油气投资项目（包括SP气田项目）有32项，老油田投资项目有18项。国际石油公司在投标资格预审过程中，有机会针对每个项目表达其作为作业者或非作业者的意愿。

3. 项目招投标。基于油气项目类型、具有投标资格的石油公司的特点及投资意向，针对每项上游油气田投资项目，伊朗国家石油公司在小范围内邀请通过资格预审的国际石油公司进行投标。

若有意向参与某一具体项目，具有投标资格的国际石油公司也可主动与伊朗国家石油公司的业务与投资部接洽。

4. 合同协商与签订。获得伊朗国家石油公司邀请投标的公

① 29家公司名录参阅NIOC网站。

司会收到伊朗国家石油公司发出的最新版本的 IPC 合同。

通过招投标程序或其他程序被授予 IPC 合同的公司，可在最新版本的 IPC 合同基础上，同伊朗国家石油公司协商谈判对某些 IPC 合同条款的修改。

5. 合同签订后的批准。根据伊朗副总统埃沙格·贾汉吉里（Eshaq Jahangiri Kouhshahi）先生颁布的法令，IPC 合同签订后，监督委员会有权审阅及批准已签订的 IPC 合同条款。监督委员会构成和职责如下：伊朗石油部长，负责批准合同价款、合同生效条件；伊朗经济委员会，负责批准技术、经济、环境可行性报告，政府对投资者承诺偿付水平等；伊朗议会发言人，负责宣布收到合同副本；伊朗石油资源监督委员会，负责评估合同文本、经济模型、生产水平及合同执行条款等。

合同签订后的审批过程可能会花费近 45 天。

（二）IPC 合同主要条款分析

IPC 的主要条款包括：签约方、权益份额、合同生效条件、合同期限、合同阶段、作业计划、年度工作计划与预算、联合管理委员会、伊朗国家石油公司权利、承包商权利与义务、环境、对伊朗人的雇佣与培训、技术转让、利用伊朗当地成分要求、成本回收、服务费、生产不足、会计程序、货币、油气资源及其他财产所有权、转让权益、责任、保险、不可抗力、合同终止、制裁重启、准据法、争议解决等。

对照伊朗回购合同的关键因素，IPC 合同修订主要内容如下：

1. 资本投资取消了上限。IPC 合同不再设置资本投资的上限，理论上允许合同者以“成本油”的形式完全回收投资成本，合同者以“年度工作计划和预算”（AWPB）作为年度投资依据。在成本节约方面，IPC 合同取消了回报与成本之间的联系，代之以“成本节约指数”使回报与成本节约相挂钩，允许合同者获得部分节约的成本费用。

2. 产量目标依然存在制约但引入了激励机制。IPC 合同规定，国际油公司若未达到一定的产量目标，将面临投资收益的限制和惩罚；国际油公司若达到了产量目标，则将获得伊朗政府支付的红利，从而使合同者报酬费有了向上增长的空间。

3. 报酬费取消固定酬金制，转向与产量挂钩的桶油方式计算报酬。报酬费主要与三个因素相关，一是风险系数，新版合同中的报酬费根据不同地区和油田的开发风险程度确定初始值，开发项目的风险越高，伊朗所支付的报酬费越高；二是根据投入产出比确定的 R 因子，运用 R 因子来调节报酬费高低；三是油气价格，报酬费还与油气价格相关联，使国外石油公司能够分享市场变化所带来的利润，油气价格越高，项目收益越好，合同者就能够获得越多的报酬费。

4. 合同收益率将获得上浮空间。IPC 合同中，报酬费与风险程度和油气价格相挂钩，风险程度越高、油气价格越高，合同者报酬费就越高，因此合同者报酬费不再具有“天花板”，而有了向上增长的空间；另外，红利的设置使得当产量达到预定合同要求后，合同者能够享受政府支付的额外红利，从而增加了合作者所得，导致合同者收益率上升。

5. 扩展了回收期限与合作年限。IPC 合同规定，投资回收期延长至 7 年（根据以往项目情况，投资回收期为 3 ~ 6 年，具体因合同而异）；同时，勘探期延长至 7 ~ 9 年，开发期延长至 15 ~ 20 年，而旧版回购合同的开发年限仅为 3 ~ 5 年。短期合同到长期合同的转变使得双方合作更为密切，同时也增加了合同者的报酬费获取年限，对合同者而言有了更稳定的预期。

三、特许协议的法律风险与防范

特许协议在伊朗所涉及的主要风险有：制裁风险、国有化风险、审批风险、投资模式风险、项目用地、签约风险、履约风险等，具体参见各相关章节。

第四节　国有化问题

一、国有化问题概述

国际投资法下的征收（Expropriation）及国有化（Nationalisation）是指国家机关运用公权力，对外国投资者的土地、资产或权利等进行征用，或通过立法、立规、征税等手段，使得投资者实际上无法开展正常的商业活动，所受影响等同于剥夺投资者已有资产或权利的行为。在国际投资法的语境下，国有化和征收是类似的概念：国有化是相对商业的表达，强调将私有财产收为国有；而征收是法律术语，侧重于描述投资者的正当权益被合法或非法地剥夺。严格来说，征收是一个稍广一些的概念，并且完全涵盖国有化的内容，因为国有化是征收的一种结果，而征收可能不产生国有化的效果，只是单纯地使得投资者无法正常经营。

而征收又分为直接征收和间接征收。直接征收是指国家直接对投资者的资产或权利进行剥夺，这在现代法治国家是非常少见的。间接征收是指国家通过较为隐蔽的手段，如通过环境、资源等方面的立法，或改革税制，使得投资者虽然仍拥有名义上的资产或权利，但是其资产或权利几乎无法运作、无法进行经营生产，或者即使运作也几乎无法取得任何利润，其实际效果等同于直接征收。由于现代国家通常采用间接征收的方法对投资者的财产进行征用，所以当代的国际投资条约大多有对间接征收的限制，中国—伊朗国际投资条约也有相关规定。

征收在原则上是不合法的，但国际上通行的标准是，当征收满足了以下四个条件，则是合法的：征收必须是为了公共利益进行的；征收必须遵循正当程序原则，依照法定程序进行；征收必须遵循非歧视原则，不得对本国投资者或外国投资者进行区分；对投资者必须进行合理的赔偿。

而关于政府对投资者进行赔偿的标准，国际上使用最多的标准是“全面赔偿标准”，又称“赫尔三原则”，是，也是主要资本输出国希望设立的国际标准。具体来说，该标准提倡“充分、及时、有效”的赔偿，其中“及时”要求政府尽可能迅速或者在合理期间内进行赔偿；“充分”要求政府对投资者进行充分补偿（Full Reparation），返还征收财产的全部价值或者财产在征收前的市场价值；而“有效”要求政府赔偿的货币是“硬通货”或者世界性货币，以便赔偿能够自由地流转出征收国。

中国在近年来签订的国际投资条约或者自由贸易协定中也较多采用了“全面赔偿标准”，如中国—新西兰自由贸易协定就非常典型。而在中国内地与香港最新签订的《内地与香港关于建立更紧密经贸关系的安排》中，尽管采用了“实际价值”（Real Value）而非“公平市场价值”（Fair Market Value）的表述，但在注释5写道：“为进一步明确，实际价值应按被征收投资的市场价值为基础计算。”

二、伊朗有关国有化的国内立法

伊朗没有专门的国有化法律，相关规定主要体现在《鼓励和保护外国投资法》中，该法第9条规定：“不得对外国投资进行征收或国有化，除非为了公共利益，按照法律条款，以非歧视性方式，并在征收前基于投资的实际价值进行适当赔偿（Appropriate Compensation）。”

值得注意的是，此处伊朗的立场是“适当赔偿标准”。该标准主要由发展中国家、资本输入国提出和主张，1962 年还在联合国大会第 1803 号决议中获得一致通过。在该决议中，“适当赔偿标准”主要基于东道国国内法和国际法规则进行确定。但在此后的几十年中，该标准并没有成为通行的国家标准，可能的原因是该标准本身有些模糊不清，难以确定，再加上最大的发展中国家中国由资本输入国逐渐转变为资本输出国，使得这一标准的支持者力量减弱。

尽管“适当赔偿标准”以及中国—伊朗投资协定中的“投资价值标准”均具有很大的模糊性，但从伊朗国以往的主张来看（请参考下一小节），如果发生征收赔偿额的争议，伊朗政府很有可能主张以投资公司的账面净资产值作为赔偿的标准。

考虑到在中国—伊朗投资协定以及在伊朗国内立法中，关于征收及国有化的赔偿标准都具有一定的不确定性，且相对不高，所以建议投资者如果有机会与政府机关签订投资合同，则可以尝试在合同中约定一个较高且清晰的赔偿标准。

此外，伊朗于 1985 年批准《多边投资担保机构公约》（“MIGA 公约”），而中国也是该公约的缔约国。由于伊朗是发展中国家，而该公约为促进发展中国家的经济发展，为缔约国投资者在发展中国家的投资的非商业性风险（其中包括征收及国有化的风险）提供保险服务，可以有效降低风险。

三、中国与伊朗之间投资协议的相关规定

中国—伊朗投资协议签订于 2000 年，并于 2005 年起生效。由于该协定签订的时间是 21 世纪初，当时中国正处于由资本输

入国到资本输出国转变的初期，所以条约的措辞比较中立，有一定的赔偿标准，但相对来说不如“全面赔偿标准”全面和严格。具体条文如下：

> 第六条　征收和补偿
>
> 一、缔约任何一方对缔约另一方的投资者的投资不得采取国有化、没收、征收或其他类似措施，除非采取上述措施是为了公共利益，符合该缔约方法律和法规规定的法律程序，是非歧视性的并给予补偿。
>
> 二、本条第一款所述的补偿，应等于国有化、没收、征收前一刻时投资的价值（The Value of Investment）。补偿的支付不应迟延并应有效兑换和自由转移。如发生无故迟延，即自征收之日起超过30天，征收缔约一方应承担自付款到期之日起至实际付款之日有关迟延付款的财务费用。

从以上的条文本身可以发现，原则上伊朗不得对中国投资者进行征收和国有化，但在满足了公共利益、依法、非歧视、给予补偿这四个条件后可以征收。而在赔偿标准上，该协定采用了“投资的价值”（The Value of Investment）这样一种比较模糊的表述，这可能是中国和伊朗当时互相妥协的结果。此外，赔偿标准是给予“征收前一刻”（Immediately Before the Action of ...），这一表述实际上并不有利于投资者，因为很可能在征收措施采取前，公众或投资公司的商业伙伴、银行等已经知晓了可能的征收，从而导致征收前一刻投资公司的价值已经历经了重大下滑，从而得不到充分的补偿。[1] 除上述不足以外，“补偿的支付不应迟延并应有效兑换和自由转移”以及30天的期限，均符合前面提到的“全面赔偿标准”。

① 如在《内地与香港关于建立更紧密经贸关系的安排》中，条文的措辞为：“本条第一款所指的补偿应相当于采取征收前或征收为公众所知时（以较早者为准）被征收投资的实际价值”。

而除了征收和补偿本身的条文外，在该协定中的争端解决条款也与征收问题高度相关。因为一旦发生争议（如政府行为是否构成间接征收），是否能够得到救济很大程度上取决于是否有一个公正中立的争议解决方式。

在中国—伊朗投资协定第 12 条，争议解决的范围包括“投资者和东道国（即投资所在国）之间一切与投资相关的争端”，可见范围很广，征收与否的问题当然落入此范围。争议解决的方式有两种，一种是在东道国法院，另一种是组建临时仲裁庭。相对来说，组建临时仲裁庭的方式更加中立，在执行裁决的时候也能比较便利。

而伊朗除了与中国签订量双边投资协定以外，还与韩国、意大利、瑞典、瑞士等 52 个国签署了现行有效的双边投资协定。由于中国—伊朗投资协定中有最惠国条款，如有需要，也可援引其他投资协定中对于征收和补偿的约定，以获得更高标准的保护。此外，伊朗还批准了包括联合国《经济、社会、文化权利公约》、联合国《工商企业与人权指导原则》、《承认与执行外国仲裁裁决公约》等国际文件，这对于征收的定性、赔偿的标准以及仲裁裁决的执行都有很大的帮助。

四、伊朗的国有化

（一）伊朗—美国求偿案

伊朗—美国求偿案实际上是一系列案件，其起因是 1979 年在伊朗发生的反美运动以及其后约 52 名美国公民被扣为人质的事件，当时大批美国在伊投资者被迫逃离，其投资受到很大的影响，还有许多投资被直接征收。在此事件之后，美国政府与伊朗政府签署《阿尔及尔共识》，并在此基础上组成一个 9 人仲裁庭，其中 3 人由美国委任，3 人由伊朗委任，剩余 3 人由中立国的仲裁员担任。该仲裁庭处理美国公民对伊朗政府的索赔请求，其中就包含了大量与投资有关，且涉及征收征用及其赔偿标准的争议。

如在 American International Group Inc. v. Iran 案中，涉及了伊朗对美国投资者的股权征收及其赔偿标准的争议。美国投资者主张“全面赔偿标准”，认为赔偿应包括预期利润损失。伊朗主张应采用被征收公司的账面价值。仲裁庭最后采用了“全面赔偿标准”，但在具体计算时，考虑到伊朗的后续对外政策及发展前景，在计算预期利润时只认可了投资者提出的一小部分。

而在 INA Corporation v. Iran 案中，仲裁庭经过种种分析，最终采用股权的公平市场价格来计算赔偿额。在 Sedco Inc. v. 伊朗国家石油公司案中，仲裁庭进一步指出，“全面赔偿标准”是“二战”后的国际标准，甚至还区分了联合国第 1803 号决议只适用于大规模、系统化的国有化，而“全面赔偿标准”才是对外国投资者被征收财产时所应适用的标准。

需要指出的是，伊朗—美国求偿案与之后中国投资者和伊朗政府可能进行的投资仲裁在法律适用上存在一定区别。前者是基于《阿尔及尔共识》，该共识只是确定了仲裁庭的组成和一些程序问题，在投资实体法上没有提供具体的约定，所以仲裁庭主要是依据国际习惯法并参照以往的案例做出裁决，但是后者，即中国投资者—伊朗政府的争议，从仲裁庭的组建、程序规则，到实体法的分析，都是以中国—伊朗投资协定为主要依据。在征收和赔偿的具体标准上，仲裁庭通常会对投资协定条文进行深入分析，并参考伊朗国内法进行裁决。国际习惯法及国际投资案例对案件结果当然有一定影响，但影响并不如投资协定条文来得直接。

（二）土耳其投资者—伊朗政府投资仲裁案

该案是历史上第一起对伊朗政府提起的投资仲裁案件。该案中，土耳其投资者是在投资进入前（即在投标过程中）产生了就伊朗的法律修改与伊朗政府发生争端，由于土耳其—伊朗投资协定中，并不包括投资进入前的相关保障，因而仲裁庭以不具有管辖权为由，拒绝审理实体问题。

第五节 特殊性问题——制裁

一、制裁的风险

在伊朗投资与交易面临的制裁及制裁重启的风险是在伊朗投资需要重点关注的问题。尽管目前部分制裁已经放松，美国和欧盟的制裁对投资、交易、进出口活动仍然适用。未来在伊朗的投资活动还面临制裁重启的风险。

（一）初始的制裁机制

伊朗的核计划于 2012 年曝光；自此之后，联合国、欧盟、美国和数个其他国家对伊朗实施了复杂而全面的经济制裁。

联合国制裁包括：禁止向伊朗出口武器及提供核相关技术；冻结关键人员和公司的资产。

欧盟制裁对以下范围内的事项采取了禁止或限制措施：禁止

与伊朗银行和金融机构进行交易，禁止欧盟人士与伊朗人士之间进行付款；禁止开展与伊朗原油和石油产品相关的进口、购买、运输、融资和保险行为，以及相关的针对天然气和石化产品的限制；禁止特定商品的销售、供应或出口以及相关服务；禁止特定行业和公共行业的投资以及相关服务；禁止向伊朗非自然人或伊朗政府提供保险或再保险；禁止指定伊朗国民和组织交易，并冻结该等指定人士的资产。

美国制裁禁止任何美国人士和实体（包括美国公民，美国绿卡持有人、依据美国或美国境内任何司法管辖区法律设立的实体，身在美国境内的任何人士，以及由美国人士拥有或控制的实体）开展任何与伊朗或“特别指定国民和实体”（SDN）有关的绝大多数交易，也禁止为该等交易提供协助。美国同时禁止非美国人士和实体开展与伊朗的能源业相关或推进伊朗武器计划的各种交易。此类“二级制裁”（Secondary Sanctions）旨在阻止第三国与伊朗开展业务往来，尤其针对金融服务、承保和保险服务，以及与石油、原油和石化产品相关的交易和服务。

（二）《全面行动计划》（JCPOA）

2015 年 7 月 14 日凌晨，P5 + 1/EU3 + 3（中国、法国、德国、俄罗斯、英国和美国）与伊朗就解决伊核问题的《全面行动计划》最终达成一致。之后，JCPOA 于 2015 年 7 月 20 日获得联合国安理会核准，并于 2015 年 10 月 18 日（立法采纳日）生效。

1. JOPOA 规定：在伊朗履行与其核计划相关的义务的前提下，联合国安理会的所有制裁将被解除，与伊朗核计划相关的大部分欧盟制裁和部分美国制裁将被解除。

2016 年 1 月 16 日，美国和欧盟宣布，经国际原子能机构（“IAEA”）确认，伊朗完成了其核相关的承诺。因此，大部分的美国“二级制裁”和欧盟核相关制裁于该日解除。此次制裁解除为外国投资者进入伊朗市场带来了机会，但投资者需要确保其遵守仍然有效的制裁措施。

根据 JCPOA，制裁解除的预计时间表参见图 8－1，具体如下：

于立法采纳日（2015 年 10 月 18 日），JCPOA 参与方开始做出必要的安排和准备工作，以履行其 JCPOA 承诺。因此，于立法采纳日：欧盟高级代表与伊朗外交部长做出一项联合声明，确认伊朗会履行其核相关承诺，并且 IAEA 将为监控和核实伊朗的行动做好准备；美国总统向美国政府机构签发一份备忘录，指示其采取所有适当的措施，确保在执行日迅速及有效地履行美国的承诺；欧盟就其核相关制裁的解除发布新立法文件，美国国务卿签发若干项制裁的有条件豁免书，于执行日生效；美国外国资产控制办事处（OFAC）也发布了一份声明及指南，说明美国政府在执行日之前采取的措施。

此外，JCPOA 创立的联合委员会于 2015 年 10 月 19 日在维也纳举行首次会议，以整理各参与国在核及制裁相关事务上已采取的措施，为 JCPOA 的实施做好准备。

在执行日（2016 年 1 月 16 日）当天，IAEA 宣布伊朗履行了其在 JCPOA 项下的承诺；基于此，联合国安理会、欧盟和美国的制裁减免承诺同时生效（详见下文）。

执行日之后的关键时间点为过渡日（立法采纳日之后 8 年）和终止日（立法采纳日之后 10 年），制裁措施将在这些时点最终解除。

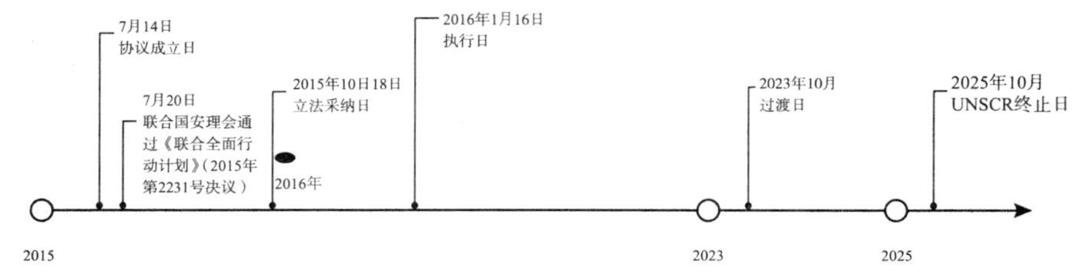

图 8－1　制裁解除的预计时间表

2. 从执行日起解除制裁。在执行日之后：根据 JCPOA，联合国安理会通过一项决议终止此前对伊朗实施制裁的联合国决议案；在立法采纳日公布的欧盟立法措施生效：解除欧盟的大多数相关经济和金融制裁（受下述限制）；从欧盟资产冻结名单中移除 331 名个人和实体（包括国有能源公司，如伊朗国家石油公司和伊朗中央银行）；于立法采纳日公布的美国有条件豁免书生效，解除与下列相关的美国制裁：在大多数情况下适用于非美国人士和实体的"二级制裁"；适用于美国人士，关于出售商业客运飞机及其备件和组件，以及提供相关服务（包括承保、保险和再保险）的"一级制裁"；美国也从 SDN 中移除了 JCPOA 附录Ⅱ附件 3 和附件 4 所列的人士和实体（包括伊朗国家石油公司）。

3. 仍然有效的制裁。执行日后制裁的解除仍然受到下列条件限制：

（1）适用于美国人士的大多数"一级制裁"仍然有效。一级制裁普遍禁止美国人士参与和伊朗有关的交易。实践中这意味着非美国人士的第三方主体（包括银行）在与伊朗交易过程中可能继续采取审慎的策略，尤其交易涉及美国时。

（2）并非所有与伊朗相关的欧盟制裁都被解除。例如，与人权问题直接相关的制裁仍然有效，其中包括与通信行业相关的限制和某些资产冻结措施。军事用品、石墨及其他特定原材料金属或半成品金属的交易仍然受到限制。

（3）美国 SDN 清单上仍然保留着若干受制裁的主体。欧盟也保留了针对特定主体的资产冻结措施。

（4）已经移出 SDN 名单的特定个人或实体仍然因其被认定为伊朗政府或伊朗金融机构的一部分，其在美国境内的资产仍然被冻结和禁止交易。

（5）JCPOA 包含重启（Snap Back）机制。如果各方对于伊朗是否持续遵守了 IAEA 义务存在争议，则联合国安理会的制裁将会重启。欧盟和美国在此情况下也可能重新施加制裁。

4. 仍然适用的欧盟制裁包括：

（1）资产冻结：欧盟继续针对与（a）伊朗核扩散活动，或（b）侵犯人权行为相关的人士和实体，实施资产冻结经济制裁。受冻结资产制裁的人士和实体被称为“指定人士”。欧盟人员不得（a）参与涉及“指定人士”拥有或控制资金的交易，或（b）直接或间接地向“指定人士”提供资金或经济资源。“经济资源”广义地包含每种可能用于获取资金、货物或服务的资产。

（2）贸易限制：欧盟仍在继续对伊朗施加某些贸易限制措置。这些贸易限制措置主要针对核物品、军民两用物品、与导弹扩散有关的物品、可能被用于内部镇压的设备和某些电信行业使用的设备（特别是用于监控和拦截通信的设备）。

上述贸易限制措施主要指，限制向伊朗供应某些列入制裁清单的设备或提供与之相关的经纪服务或资金援助。然而，欧盟贸易限制措施也可能拓展适用于某些类型的、向伊朗传播与制裁清单项目有关的知识和技术信息的行为。

5. 仍然适用的美国制裁包括：

（1）一级制裁。美国针对伊朗的一级制裁仍然全面有效。一级制裁禁止“美国人士”（美国公民、绿卡持有者、根据美国法律成立的公司和身处美国的他国公民）从事与伊朗有关的任何活动，包括直接进行与伊朗有关的交易及促进或参与任何该等交易（如协助、代理、融资、谈判或审查合同、提供业务建议、监督或批准）。

一级制裁对投资伊朗的项目可能造成的影响包括：①任何与伊朗相关的资金交易均无法经过美国银行系统进行清算；②任何美国人士不得为本项目提供产品和服务；③在与伊朗政府、伊朗国有企业的交易中，美国人士实际上仍有义务冻结这两个交易相对方的财产与财产性利益。

（2）二级制裁。美国针对伊朗的二级制裁适用于非美国人士（包括对伊朗投资的中国企业及其雇员、人员和董事）。美国政府有一受制裁人员清单（“SDN 清单”），并且禁止任何人与“SDN 清单人士”进行交易。

（3）出口管制。如未从美国当局获得适当的出口许可证，对伊朗投资的中国企业可能无法就本项目向伊朗出口某些原产于美国的产品和技术。

二、法律风险防范

由于部分制裁措施仍然有效，外国投资者需要持续关注形势发展，并在伊朗开拓任何业务机会之前寻求具体的法律建议，以确保业务符合相关制裁法规的规定。

管理制裁合规风险的关键在于对拟议交易对方（合作伙伴、中介、供应商、客户等）、融资方、贷款人及交易结构开展适当的风险尽职调查，确保查明可能参与交易的个人和实体的身份，并根据相关的制裁名单进行筛查，以及确保相关的商业计划没有超越相关制裁措施允许的范围。

基于文化和语言差异等原因，对伊朗公司股权归属的尽职调查可能并不容易。伊朗企业可能并不习惯全面尽职调查。伊朗公司（尤其是私有公司）的股权归属、财务报表等信息很难从公开渠道获得。

特别提示：在进行任何潜在交易之前，都应当就执行日后仍然适用的制裁措施及相关制裁风险寻求具体的法律意见。交易对方的性质和身份，交易所在的行业、交易类型及结构决定着投资者是否能进行相关谈判、谈判可以涉及的事项，以及双方可以在何种程度上达成协议。

如果中国投资者拥有美国关联公司、位于美国的重要支持职能部门，或美国董事或雇员，则应考虑采取适当的控制措施，以避免美国法律项下的风险。

关于美国货币问题，在国际银行业实践中，任何美元付款路径几乎不可避免地要通过美国纽约的银行系统进行清算。而在美国政府现行有效的“一级制裁”（Primary Sanction）措施下，任何美国人士（包括纽约银行系统）不得以任何形式参与涉及伊朗的交易。这意味着美国银行系统无法处理与伊朗有关的美元付款，因此导致世界范围内与伊朗有关的美元付款都无法完成支付和清算。各主要银行通常也有非常严格的内部监控与合规措施，确保自己不处理任何与伊朗有关的美元业务。正是由于这些原因，许多涉及伊朗的合同以欧元定价。因此，在伊朗有关的交易中，无法使用美元进行实际支付，使用美元计价并不直接违反制裁，但是考虑到实际操作需要，建议对伊朗投资的合同中，以美元计价的金额都应允许同时使用其他货币（如欧元）支付。

如果投资者有意与特定交易对方建立持续的关系，则投资者应定期更新其尽职调查，因为交易对方的风险情况可能会发生变化，例如被“SDN 清单”上的人士收购等。

即使现在特定制裁已经解除，考虑到重启机制，投资者应考虑在一开始就与对方就适当的陈述保证、退出和终止权及其他救济进行谈判，以便在制裁框架或业务关系的风险情况变得不利时，能够采取适当的措施保护自己的利益。在重启发生时，欧盟和美国将如何处理根据 JCPOA 达成的商业安排，目前的法规规定尚不明确；签订合同可能会在“重启”的情况下触发制裁风险。考虑到这一点，上述策略显得尤为重要。

附录一：

伊朗主要法律法规

1. 《宪法》Constitution

2. 《民法典》Civil Code

3. 《商法典》Commercial Code

4. 《鼓励和保护外国投资法》Foreign Investment Promotion and Protection Act

5. 《劳工法》Labour Code

6. 《社会保险法》Social Security Law

7. 《直接税法》Direct Tax Law

8. 《无利息银行法》Non – Interest Bank Law

9. 《保险业务管理法》Insurance Business Management Law

10. 《招投标法》Tender Act

11. 《海关事务法》Custom Affairs Act

12. 《商会组建法》Formation of the Chamber Act

13. 《商务部组建法》Formation of Commerce Ministry Act

14. 《石油法》Petroleum Law

15. 《采矿法》Mining Act

16. 《外国人资本投资管理条例》Regulations on the Management of Foreign Capital Investment

附录二：

伊朗主要政府部门及相关机构

1. 领袖 www. leader. ir
2. 议会 www. majlis. ir
3. 总统 www. president. ir
4. 外交部 www. mfa. gov. ir
5. 司法部 www. judiciary. ir
6. 科技研究部 www. msrt. gov. ir
7. 国防部 www. mod. gov. ir
8. 内务部 www. moir. gov. ir
9. 卫生与医药部 www. mohme. gov. ir
10. 教育部 www. medu. gov. ir
11. 文化与伊斯兰指导部 www. ershad. gov. ir
12. 商业部 www. moc. gov. ir
13. 农业圣战部 www. maj. gov. ir
14. 财经部 www. mefa. gov. ir
15. 信息与通讯部 www. ict. gov. ir
16. 公路运输部 www. mrt. ir
17. 石油部 www. nioc. gov. ir
18. 能源部 www. moe. gov. ir
19. 矿山工业部 www. mim. gov. ir
20. 合作社部 www. icm. gov. ir
21. 住房与城市发展部 www. mhud. gov. ir
22. 劳动和社会事务部 www. irimlsa. gov. ir

23. 福利与社会安全部 www. refah. gov. ir
24. 中央银行 www. cbi. ir
25. 海关 www. irica. org. ir
26. 国家统计中心 www. sci. org. ir
27. 地图测绘局 www. ncc. org. ir
28. 投资与经济技术支持组织 www. investiniran. ir
29. 工业重建和发展组织 IDROwww. idro. org. ir
30. 能源研究所 www. nri. ac. ir
31. 伊朗旅游局 www. irantourism. org. ir
32. 伊朗工业科学研究所 www. irost. org. ir
33. 财经部下属投资与经济技术支持组织网站 http：//www. investiniran. ir
34. 环境保护组织 www. irandoe. org. ir
35. 国家科学情报资料中心 www. irandoc. ac. ir
36. 国家管理和计划组织 www. mporg. ir
37. 伊朗贸易站 www. irtp. com
38. 伊朗商业咨询网 www. agahgar. irtp. com
39. 伊朗发展出口中心 www. iranfair. com
40. 商会 www. iccim. org. ir
41. 伊朗伊斯兰共和国合作社商会 www. irantaavon. com

附录三：

伊朗部分中介服务机构

1. 律师事务所

（1） Atai & Associates

地址：No. 4 （Former 8） 14th Street，Khaled Islamboli Avenue (Vozara)，Tehran

电话：0098 -21 -88481156 -9

电子邮件：atai@ataiassociates. com

（2） Atieh Associates Law Firm

地址：Unit 5，3rd Floor，Tehran

电话：0098 -21 -26215330

传真：0098 -21 -26215331

电子邮件：info@atiehassociates. com

（3） Dr. Shamsaei and Associates Law Office

地址：Apt. No. 12，No. 6，5th St. ，Gandi Ave. ，Tehran

电话：0098 -21 -88793043

电子邮件：drshamsaei@iranbusinesslawyers. com

（4） International Law Office of Dr. Behrooz Akhlaghi & Associates

地址：No. 8，Razagh Zadeh Alley，After Park Way Cross Road，Valiasr St. ，Tehran

电话：0098 -21 -22669374 -8

传真：0098 -21 -22669379

电子邮件：akhlaghi@akhlaghi. net

主页：http：//www. intllaw. net

2. 财税咨询服务机构

（1）Argham Kankash

地址：Unit3，no. 25，Fathi Shaghaghi St. ，Valiasr Ave，Tehran

电话：0098 –21 –88481156 –9

传真：0098 –21 –88481160

电子邮件：info@ arghamkankash. com

（2）Bayat Rayan Chartered Accountants Institution

地址：3rd Floor，231 Motahari Ave. Tehran 1587618413 Iran

电话：0098 –21 –88504586，7，8

传真：0098 –21 –88681973

电子邮件：BayatRayan@ BayatRayan. ir

（3）Osol Khobre Accounting Firm

地址：Unit 4，No. 5 6th St，. Yousef Abad St. ，Valiasr Ave. ，Tehran

电话：0098 –21 –88481156 –59

传真：0098 –21 –88481160

（4）Vania Nic Tadbir Audit Firm and Management Consultant

地址：No. 8，16th Str. ，Khaled Eslambdi Ave. ，Tehran 1511766616 Iran

电话：0098 –21 –88107264

传真：0098 –21 –88107265

主页：http：//www. vanianic. com

3. 投资咨询服务机构

Emtedad Engineering Co

地址：Unit 3，1st Floor，No. 1，Corner of Yas Dead End，38th St. ，Saadat Abad，Tehran，Iran

电话：0098 －21 －88681973

传真：0098 －21 －88681973

电子邮件：Alipouria@ emtedad. co. ir；training@ emtedad. co. ir

主页：http：//emtedad. co. ir

4. 清关服务机构

Geranmehr Sepehr Co.

地址：2nd floor，No. 34，Khoramshahr St. North Sohrevardi St. Tehran－Iran

电话：0098 －21 －88536091 －5

传真：0098 －21 －88536726

电子邮件：info@ gsco. ir

主页：http：//www. gsco. ir

参考文献

1. 商务部国际贸易经济合作研究院、商务部投资促进事务局及中国驻伊朗大使馆经济商务参赞处编制：《对外投资合作国别（地区）指南－伊朗（2016年版）》。

2. 金忠杰、丁生伏编译：《简明伊斯兰教法》，中国社会科学出版社2014年版。

3. 杨涛、张立明编著：《伊朗概论》，中国出版集团、世界图书出版社2016年版。

4. 冀开运主编：《伊朗综合国力研究》，时事出版社2016年版。

5. 中国出口信用保险公司编著：《国家风险分析报告》，时事出版社2016年版。

6. 孙珩超：《论国际法上的国际责任》，载于《宁夏大学学报（人文社会科学版）》2010年第2期。

7. 魏雄：《伊朗〈宪法〉第81条对外国公司在伊朗经营的深刻影响》，载于《国际石油经济》2010年第12期。

8. 宋新硕：《中国伊朗自由贸易区建设构想研究》，西南大学硕士论文，2016年。

9. 姜英梅：《中国—伊朗金融合作研究与展望——基于“一带一路”的视角》，载于《国际经济合作》2017年第5期。

10. 李雅珍：《伊朗工程承包项目风险识别及对策》，载于《上海企业》2014年第7期。

11. Alice Ruzza, *Indirect Expropriation in International Investment Law*, University of Trento – Italy, School of International Studies PhD thesis, January 15, 2013.

12. Ardeshir Atai, Iran, in Brian A Facey (eds.), *The Foreign Investment Regulation Review*, London: Law Business Research Ltd, 2016, P. 113.

13. Atieh Associates, *Legal Newsletter*, Vol. 4 No. 2, October 2004, http://www. atiehassociates. com/law/newsletters/Newsletter 200410. pdf.

14. Atieh Associates, *Legal Newsletter*, Vol. 5. No. 1, March 2005, http://www. atiehassociates. com/law/newsletters/Newsletter 20050300. pdf.

15. Atieh Associates, *Legal Newsletter*, Vol. 8. No. 2, December 2008, http://www. atiehassociates. com/law/newsletters/Newsletter200812. pdf.

16. Bertelsmann Stiftung (eds.), *Transformation Index* 2016 – *Iran Country Report*, Gütersloh: Verlag Bertelsmann Stiftung, 2016.

17. Charles N. Brower, Current Developments in the Law of Expropriation. and Compensation: A Preliminary. Survey of Awards of the Iran – United States Claims Tribunal, *The International Lawyer*, Vol. 21, No. 3, 1987, pp. 639 – 669.

18. Daniel Byman, Shahram Chubin, AnoushiravanEhteshami, and Jerrold D. Green, *Iran's Security Policy in the Post – Revolutionary Era*, California: the RAND Corporation, 2001.

19. David L. Schwartz, *The Energy Regulation and Market Review*, London: Law Business Research Ltd., 2016.

20. Farshad Ghodoosi, Combatting Economic Sanctions: Investment Disputes in Times of Political Hostility, a Case Study of Iran, *Fordham International Law Journal*, Vol. 37 Issue 6, 2014,

pp. 1731 – 1785.

21. Homayoun Mafi, Controversial Issues of Compensation in Cases of Expropriation and Nationalization: Awards of the Iran – United States Claims Tribunal, *International Journal of Humanities*, Vol. 18 No. 1, 2011, pp. 83 – 102.

22. Jennifer Tobin and Susan Rose – Ackerman, Foreign Direct Investment and the Business Environment in Developing Countries: the Impcat of Bilateral Investment Treaties, *Yale Law & Economics Research Paper*, No. 293, 2005.

23. Jerrold D. Green, Frederic Wehrey, and Charles Wolf, Jr., *Understanding Iran*, California: the RAND Corporation, 2009.

24. Maurizio Brunetti, The Iran – United States Claims Tribunal, NAFTA Chapter 11, and the Doctrine of Indirect Expropriation, *Chicago Journal of International Law*, Vol. 2, No. 1, 2001, pp. 203 – 212.

25. Mehdi Pirhaji, Sakina Shaik Ahmad Yusoff, Suzanna Mohamed Isa, and Mahmoud Jalali, Principles of Contract Law in Iran, *The Social Sciences*, Vol. 8, No. 5, 2013, pp. 454 – 460.

26. Mojtaba Dani and Afshin Akhtar – Khavari, The Uncertainty of Legal Doctrine in Indirect Expropriation Cases and the Legitimacy Problems of Investment Arbitration, *Widener Law Review*, Vol. 22, 2015, pp. 1 – 31.

27. Nima Nasrollahi Shahri, *The Effectiveness of International Investment Instruments on the Amount of Foreign Investment (A Case Study of Iran)*, Thesis Submitted to the University of Dundee (CEPMLP) in partial fulfilment of the requirements of LLM degree in Petroleum Law and Policy, December 2010.

28. OECD, "*Indirect Expropriation" and the "Right to Regulate in International Investment Law*", OECD Working Papers on In-

ternational Investment, No. 2004/04, 2004.

29. PaashaMahdavia, Why Do Leaders Nationalize the Oil Industry? The Politics of Resource Expropriation, *Energy Policy*, Vol. 75, December 2014, pp. 228 – 243.

30. Peter D. Isakoff, Defining the Scope of Indirect Expropriation for International Investments, *The Global Business Law Review*, Vol. 3, No. 2, 2013, pp. 189 – 209.

31. Robert Abtahi, Indirect Expropriations in the Jurisprudence of the Iran – United States Claims Tribunal, *Journal of Law and Conflict Resolution*, Vol. 3, No. 7, July 2011, pp. 80 – 88.

32. Steven R. Swanson, Iran – U. S. Claims Tribunal: A Policy Analysis of the Expropriation Cases, *Case Western Reserve Journal of International Law*, Vol. 18, Issue 2, 1986, pp. 307 – 359.

33. Vozara Law Firm, *Foreign Investment in Iran's Capital Market: Opportunities and Obstacles*, 2015, http://vozaralawfirm.ir/Reports.aspx.

34. William N. Eskridge Jr., The Iranian Nationalization Cases: Toward a General Theory of Jurisdiction over Foreign States, *Harvard International Law Journal*, Vol. 22, No. 3, Fall 1981, P. 525.

35. Zivar Hatamizadeh and Alireza Gheibi, Taxation in Iran, *MardomSalari Daily Newspaper*, Vol. 1, No. 25, February 24, 2002, P. 9.